Peter Fink

Aller Anfang ist schwer

Peter Fink

Aller Anfang ist schwer

Praktische Tipps für den zertifizierten Hypnose-Anfänger mit Techniken, Übungen, Sprachmustern, Skripten und mehr.

Trainerverlag

Impressum / Imprint
Bibliografische Information der Deutschen Nationalbibliothek: Die Deutsche Nationalbibliothek verzeichnet diese Publikation in der Deutschen Nationalbibliografie; detaillierte bibliografische Daten sind im Internet über http://dnb.d-nb.de abrufbar.
Alle in diesem Buch genannten Marken und Produktnamen unterliegen warenzeichen-, marken- oder patentrechtlichem Schutz bzw. sind Warenzeichen oder eingetragene Warenzeichen der jeweiligen Inhaber. Die Wiedergabe von Marken, Produktnamen, Gebrauchsnamen, Handelsnamen, Warenbezeichnungen u.s.w. in diesem Werk berechtigt auch ohne besondere Kennzeichnung nicht zu der Annahme, dass solche Namen im Sinne der Warenzeichen- und Markenschutzgesetzgebung als frei zu betrachten wären und daher von jedermann benutzt werden dürften.

Bibliographic information published by the Deutsche Nationalbibliothek: The Deutsche Nationalbibliothek lists this publication in the Deutsche Nationalbibliografie; detailed bibliographic data are available in the Internet at http://dnb.d-nb.de.
Any brand names and product names mentioned in this book are subject to trademark, brand or patent protection and are trademarks or registered trademarks of their respective holders. The use of brand names, product names, common names, trade names, product descriptions etc. even without a particular marking in this work is in no way to be construed to mean that such names may be regarded as unrestricted in respect of trademark and brand protection legislation and could thus be used by anyone.

Coverbild / Cover image: www.ingimage.com

Verlag / Publisher:
Der Trainerverlag
ist ein Imprint der / is a trademark of
ICS Morebooks! Marketing SRL
4, Industriala street, 3100 Balti, Republic of Moldova
Email: info@omniscriptum.com

Herstellung: siehe letzte Seite /
Printed at: see last page
ISBN: 978-3-8417-5970-2

Inhaltsverzeichnis

Rechtliche Hinweise

Bitte beachten Sie als Leser oder Leserin, dass ich keinerlei Verantwortung für jegliche Art von Folgen der Inhalte dieses Büchleins wie zum Beispiel unerwünschte Reaktionen, Verluste, Risiken, Retraumatisierungen, falsch verstandene oder falsch angewendete Techniken und Skripte übernehme. Auch gibt es keine Erfolgsgarantie. Die Idee dieser Hinweise stammt von Angelina Schulze.

Selbstverständlich können Sie die Inhalte dieses Büchleins auch in geänderter Form für sich oder mit Ihren Klienten in Ihrer Praxis in Eigenverantwortung benutzen. Dafür habe ich dieses Manuskript verfasst.

Sie brauchen in Deutschland eine Erlaubnis, um die Heilkunde auszuüben. Besitzen Sie die Erlaubnis nicht, so dürfen Sie nicht eine Tätigkeit ausüben, die zur Feststellung, Heilung oder Linderung von Krankheiten, Leiden oder körperlichen Schäden dient. Sie dürfen nicht therapeutisch tätig sein.

Diese Veröffentlichung wurde nach besten Wissen erstellt. Sollten Inhalte dieses Buches gegen geltende Rechtsvorschriften verstoßen, dann bitte ich um eine Benachrichtigung, um eine Korrektur vorzunehmen.

Vorwort

Natürlich ist es einfach, jemanden zu hypnotisieren. Trotzdem ist der praktische Anfang schwer und auch ich hätte mir gewünscht, weiterführende Unterstützung und brauchbare Tipps zu erhalten, als ich mit meinem neuen Wissen und der Hypnosegrundausbildung in der Tasche meine erste Praxis vor so vielen Jahren eröffnete.

Hängt es doch von der Erfahrung und dem Wissen des Hypnotiseurs ab, wie die Sitzung genutzt wird, um den erwünschten Erfolg in Gang zu setzen. Dabei ist es egal, ob es sich um Wachhypnose, Tiefenhypnose oder nur um einen leichten Trancezustand handelt. Das Unterbewusstsein unseres Klienten hat viele verschiedene Abwehrmechanismen und Blockaden entwickelt, um sich und das dazugehörende Leben zu schützen. Meistens reicht eine einfache klassische Suggestionshypnose nicht aus, um die Weichen neu zu stellen. Oft bedarf es einer indirekten Vorgehensweise, um neue Türen zu öffnen und Veränderungen hervorzurufen.

Bedenken Sie, dass unser Unterbewusstsein wie eine Google Suchmaschine arbeitet. Geben wir einen Auftrag in Arbeit, wird es so lange nach einer Lösung suchen, bis es sie gefunden hat. Und in dem Moment beginnt die Veränderung. Manchmal kann das sofort nach der Sitzung sein, manchmal eine Woche oder einen Monat später. Mein bestes Beispiel ist die Erinnerung. Habe ich einen guten Film gesehen und will meinen Freunden davon berichten, fällt mir manchmal der Name des einen oder anderen Schauspielers nicht mehr ein. Stunden oder Tage später taucht der Name dann aus dem Nichts heraus und völlig aus dem Zusammenhang gegriffen auf. Das Unterbewusstsein war auf der Suche bis der Name gefunden wurde. Unsere Aufgabe ist es, so einen Auftrag auf direkte oder auch indirekte Weise im Unterbewusstsein unseres Klienten zu installieren.

Über zehn Jahre lang habe ich erst in den USA und Kanada gelernt, praktiziert und unterrichtet, um dann seit 2011 im schönen Jesteburg meine Leistungen anbieten zu können. Ich durfte miterleben, wie ich selber erst mein Leben und dann hunderte von Mitmenschen ihr Leben dank Hypnose positiv verändert haben. Ich habe eine Unmenge an Ausbildungen und Workshops miterlebt. Einige waren hervorragend, einige waren brauchbar und einige waren reine Zeitverschwendung. Langsam hat sich bei mir herausgestellt, was bei den meisten Klienten zu Erfolg und Resultaten führt und welche Techniken überflüssig sind.

Natürlich habe ich das Rad nicht neu erfunden und biete hier eine Ansammlung von Sprachmustern, Techniken, Skripten, Übungen und Vorschlägen an, die sehr nützlich sein können. Einiges wird Ihnen bekannt vorkommen, einiges mag völlig neu sein. Lassen Sie sich überraschen.

Meine Devise ist, dass alles immer einen Sinn hat, nur nicht für Jedermann. Nehmen Sie sich das heraus, was Ihnen gefällt, und lassen Sie den Rest einfach fallen. Im Loslassen liegt das Geheimnis des Erfolgs.

Diese Sammlung meiner Erfahrungen dient dazu, neuen Kolleginnen und Kollegen Anreize und Ideen für ihre Praxis zu liefern. Alle in Anführungszeichen „...“ gesetzten Texte können als Skripte benutzt werden. Punkte … markieren Pausen. Alle Klammern (…) im Skript kennzeichnen Beispiele oder Kommentare. Benutzen Sie die Skripte langsam, mit der Betonung auf die aussagekräftigen Worte.

Da ich meine Klienten um die Erlaubnis bitte, ein Arbeits- Du in den Sitzungen zu verwenden, duze ich meine Klienten in den Skripten. Diese Anredeform macht den Umgang persönlicher und erlaubt es dem Bewusstsein, seine Blockaden zu lockern.

Sie werden bemerken, dass ich vereinfacht einheitlich die männliche Sprachform gewählt habe, wenn ich z.B. von Klienten und Kunden spreche. Selbstverständlich sind damit auch die Damen gemeint.

Alle Skripte, Techniken und Übungen sind von mir geschrieben, bzw. übersetzt worden. Die Ideen einiger Skripte sind von bekannten und auch unbekannten Quellen frei übernommen. Einige Skripte und Techniken habe ich selbst entwickelt.

Zuletzt sollten Sie sich fragen, was Sie als einen guten Hypnotiseur ausmacht? Ist es das Ambiente Ihrer Praxis, Ihre ruhige Stimme, Ihre Techniken und Skripte, Ihre Empathie oder Ihr Wille zu helfen? Oder ist es Ihre Fähigkeit, Vertrauen und Hoffnung auf Heilung und Veränderung in kurzer Zeit aufzubauen? Vielleicht ist es aber auch eine Mischung aus allem?

Zudem möchte ich an dieser Stelle Dr. Georgina Cannon aus Toronto danken. Georgina war eine wahre Inspiration für mich und über viele Jahre meine Mentorin und bis heute eine gute Freundin.

Sollten Sie Fragen haben zu diesem Buch oder möchten an meinen Kursen teilnehmen, entnehmen Sie bitte meine Kontaktdaten meiner Webseite auf peter-fink.de. Als Leser oder Leserin erhalten Sie einen zwanzig prozentigen Rabat auf alle meine Kurse und Seminare.
Aber nun wünsche ich Ihnen viel Spaß beim Lesen und studieren dieser Lektüre und viel Erfolg in ihrer Praxis mit Ihren Klienten.

Übungen

Hier finden Sie einige Übungen, die Sie mit Ihren Klienten vor der Hypnosesitzung durchführen können. Sie geben ihnen wertvolle Informationen über Ihren Klienten, dienen aber auch dazu, Rapport, also Vertrauen aufzubauen.

Geben Sie Ihrem Klienten immer das Gefühl, dass er nichts falsch machen kann, dass es sich also nicht um Tests oder Prüfungen handelt. Die meisten Menschen fühlen sich schnell unter Druck gesetzt. Weisen Sie darauf hin, dass es in den Sitzungen nichts zu tun und nichts zu denken gibt. Bieten Sie Ihren Klienten an, sich die Erlaubnis zu geben, angenehm zu entspannen.

Die Gläser

Diese Übung dient zum Aufbau von Rapport, aber auch als Suggestionstest. Finden Sie heraus, ob Ihr Klient mitmacht, visuell veranlagt ist und Zugang zu seinen Gefühlen hat. Zudem gibt diese Übung Ihnen eine Aussage über den emotionalen Zustand Ihres Klienten.

Bitten Sie ihn, die Augen zu schließen und sagen Sie:

„Stelle dir ein Regal an einer Wand vor... stelle es dir vor, oder wenn du es nicht sehen kannst, dann denke nur daran oder bilde dir ein, dass du daran denkst und dass du es sehen kannst.

Auf dem Regal befinden sich Gläser. Ungefähr acht Gläser, die rund und durchsichtig sind und ungefähr 20 Zentimeter hoch.

Gleich, nicht sofort, werde ich dich bitten, die Gläser mit einer Flüssigkeit, Farbe deiner Wahl, zu füllen. Bitte fülle sie auf einer Skala von eins bis zehn. Eins ist ganz am Boden, also ganz wenig, und zehn ist ganz oben am Überlaufen.

Und ich werde dir Gefühle nennen, die du dazu benutzt, um die Gläser aufzufüllen. Dann sage mir bitte, welche Farbe die Gefühle haben und wie weit du sie auf einer Skala von eins bis zehn aufgefüllt hast.

Fertig?

Schaue nun auf das Glas ganz links auf dem Regal und fülle es mit einem Gefühl der Traurigkeit auf.

Wie weit hast du es aufgefüllt? Und welche Farbe hat es? (Antwort abwarten). Sehr gut.

Nun fülle das nächste Glas mit einem Gefühl der Wut... wie weit hast du es aufgefüllt? Und welche Farbe hat es? (Antwort abwarten). Sehr gut.

Nun fülle das nächste Glas mit einem Gefühl der Angst...wie weit hast du es aufgefüllt? Und welche Farbe hat es? (Antwort abwarten). Sehr gut.

Nun fülle das nächste Glas mit einem Gefühl des Stresses...wie weit hast du es aufgefüllt? Und welche Farbe hat es? (Antwort abwarten). Sehr gut.

Nun fülle ein weiteres Glas mit einem Gefühl der Schuld...wie weit hast du es aufgefüllt? Und welche Farbe hat es? (Antwort abwarten). Sehr gut.

Nun fülle das nächste Glas mit einem Gefühl der Langeweile...wie weit hast du es aufgefüllt? Und welche Farbe hat es? (Antwort abwarten). Sehr gut.

Nun fülle ein weiteres mit einem Gefühl des Kontrollverlusts...wie weit hast du es aufgefüllt? Und welche Farbe hat es? (Antwort abwarten). Sehr gut.

Gut, gibt es irgendein Gefühl, dass ich nicht erwähnt habe, dass in ein Glas gefüllt werden sollte?

(Antwort abwarten, wenn ja, dann)

Fülle auch dieses Gefühl in ein Glas...wie weit hast du es aufgefüllt? Und welche Farbe hat es? (Antwort abwarten). Sehr gut.

Sehr gut."

Schreiben Sie sich die Antworten auf. Meistens sind die Pegel hoch. Wiederholen Sie die Übung nach ein paar Sitzungen und Sie werden bemerken, dass die Pegel gesunken sind.

Diese Übung demonstriert zudem den Unterschied zwischen bewusster und unbewusster Wahrnehmung. War die Farbe der Gefühle oder der Pegel einfacher zu identifizieren? Die Benennung der Farbe kommt in der Regel aus dem Bewusstsein, da Gefühle keine Farben haben und man drüber nachdenken muss. Der Stand des Pegel kommt aus dem Unterbewusstsein, ist also meistens mehr ein Bauchgefühl. War der Pegel einfacher zu benennen, hat Ihr Klient einen guten Zugang zu seinem

Unterbewusstsein. War die Farbe einfacher zu identifizieren, sollten Sie eine Technik anwenden, die es ihm ermöglicht, seine Gedanken im Kopf zu beruhigen. Die Computer Induktion ist hier gut geeignet.

Grabrede

Bitten Sie Ihren Klienten, seine eigene Grabrede zu schreiben. Er soll beschreiben, was er über sich am Ende seines Lebens hören möchte, so als ob ein anderer Mensch sie geschrieben hätte.

Benutzen Sie die Grabrede als Skript für eine Progression.

Anmerkung Progression: eine Progression ist der Aufbau einer Zukunftsvision. Da das Unterbewusstsein nicht den Unterschied zwischen Realität und Fiktion erkennen kann, kann es die Fiktion als Realität aufnehmen und langsam umsetzen.

Beispiel: Schreibt der Klient in seiner Grabrede: ..und er war ein lebenslustiger und positiv denkender Mann, der jedem anderen Menschen helfen wollte und stets um das Wohl seiner Familie und Freunde besorgt war.

So kann daraus folgendes Skript werden. „ Und nun bemerke, wie du zu einem lebenslustigen und positiv denkenden Mensch geworden bist. Schau dir an, wie du stets um das Wohl deiner Familie und Freunde besorgt bist und fühle, wie wichtig es dir ist, anderen Menschen zu helfen.“

Die Liste

Bitten Sie Ihren Kunden, eine Liste zu erstellen mit den zehn wichtigsten Dingen, die ihn in seinem Leben stören. Diese Liste kann Gefühle, Gedanken, Gewohnheiten, Menschen, den Job und einfach alles beinhalten.

Danach gehen Sie mit Ihrem Kunden die Liste durch und bitten ihn, jeden Punkt in etwas positives, realistisches und in seiner Kontrolle liegendes umzuwandeln, wie diese Beispiel-Liste zeigt:

Mich stört:	Ich möchte:
Stress	Entspannt und gelassen sein
Rauchen	Rauchfrei sein
Immer bewertet werden	Andere weniger beachten
Angst haben	Mutiger sein

Benutzen Sie diese Liste als Ihr Skript. Aber beachten Sie dabei, dass jeder Punkt auf Ihren Klienten bezogen ist und von ihm beeinflussbar ist.

Beispiel: Ihr Klient möchte nicht, dass andere Menschen ihn bewerten. Nun liegt es natürlich nicht in seiner Kontrolle zu sagen, dass andere Menschen ihn so akzeptieren sollen, wie er ist. Ihre Aufgabe liegt darin, ihn dahin zu führen, dass er die Lösung in seinem eigenen Verhalten findet. Vielleicht könnte Ihr Klient als Punkt aufschreiben, dass die Meinung anderer Menschen immer weniger Bedeutung für ihn haben sollte.

Die drei VAK Haupttypen aus dem NLP

Lassen Sie mich Ihnen hier den visuellen, auditiven und kinästhetischen (VAK) Typ vorstellen. Die Idee dieser Information habe ich zum Teil aus einem Seminar von Will Horton.

Unsere Augen verraten viel über die Art und Weise, wie wir Informationen verarbeiten. Natürlich sind die folgenden Hinweise nur Richtlinien und treffen nicht in jeder Situation auf jeden Menschen zu.

Die Richtung, in die wir blicken, wenn wir uns konzentrieren, kann ein Hinweis darauf sein, ob wir uns auf unsere visuelle, auditive oder kinästhetische Wahrnehmung konzentrieren. Diese Wahrnehmung ist wiederum wichtig für das hypnotische Sprachmuster. Visuell bedeutet, dass wir uns auf das, was wir sehen, fokussieren; auditiv, dass wir das Gehörte in den Vordergrund stellen und kinästhetisch bezieht sich auf die Gefühlswelt.

Verarbeitet Ihr Klient Informationen durch hauptsächlich die auditive Wahrnehmung, sollten Sie Ihre Sprache auf Geräusche, Klänge und Stimmen in der Sitzung fokussieren und nicht auf Bilder, Farben oder Körperwahrnehmungen.

Lassen Sie Ihren Klienten seinen letzten Urlaub beschreiben. Konzentriert er sich dabei auf die Beschreibung der Farben des Himmels und des Meers, die Konturen der Berge und die Architektur der Gebäude und schaut dabei ein wenig nach oben, so liegt der Schwerpunkt seiner Wahrnehmung hauptsächlich auf der visuellen Ebene. Redet er hingegen über das Rauschen des Meeres, die wunderschöne Musik in den Cafés oder das Zwitschern der Vögel in den Bäumen und schaut dabei geradeaus, konzentriert er sich auf seine auditive Informationsverarbeitung.

Entsprechend der Wahrnehmung Ihres Klienten gestalten Sie Ihr eigenes Sprachmuster. Hat Ihr Klient eine auditive Wahrnehmungsdominanz, ist es von Vorteil, auf diese Sinne einzugehen anstatt bildliche Metaphern zu kreieren. Natürlich haben die meisten Menschen die Fähigkeiten zur visuellen, auditiven und kinästhetischen Wahrnehmung. Jedoch die dominante Präferenz macht den kleinen Unterschied.

Auch kann die Blickrichtung eines Menschen viel über seine Präferenz sagen. Schaut Ihr Klient beim Erzählen nach oben, konzentriert er sich auf seine visuelle Wahrnehmung. Er sieht Bilder in seinem inneren Auge. Schaut er nach vorne und geradeaus, fokussiert er sich auf die akustische Erinnerung. Schaut er nach unten, taucht er in seine Gefühle ab, ist also eher kinästhetisch dominant.

Ho'oponopono

Ho'oponopono wurde von Dr. Hew Len aus Hawaii entwickelt.

Die Technik ermöglicht es, Prägungen und Suggestionen aus der Erinnerung zu neutralisieren und negative Energien loszulassen. Sie dient dazu, ein Wohlbefinden wiederherstellen.

Die Grundlage ist, dass man die Verantwortung für seine Erinnerung übernimmt, indem man:

Liebe benutzt

um Verzeihung bittet

dankbar ist

Bitten Sie Ihren Klienten, sich auf eine Person zu konzentrieren, die ihn verärgert hat. Dann soll er laut oder auch intern immer wiederholen:

Ich liebe Dich

Bitte vergib mir

Es tut mir leid

Danke

Jede dieser Aussagen muss ehrlich gemeint und gefühlt werden, so dass die negativen Energien freigesetzt werden. Deshalb ist diese Übung nicht einfach und wird so lange wiederholt, bis sich der innere Widerstand gelöst hat und Ihr Klient sich wieder frei fühlt.

Weitere Information finden Sie in dem wunderbaren Buch "Ho'oponopono" von Ulrich Emil Dupree.

Werte

Bitten Sie Ihren Klienten, die wichtigsten eigenen Werte aufzuschreiben. Dies können Werte sein wie:
Familie, Beruf, Liebe, Freundschaft, Karriere, Macht, Einfluss, Freiheit, Ansehen, Frieden, Geld, Gesundheit, Intelligenz, Bildung, Urlaub, Vermögen, Glaube, Gott, Eigenständigkeit, Ruhm, Beliebtheit, Kinder, Tiere, Menschen, Bescheidenheit, Ruhe usw.

Die Werte werden in eine Rangordnung gesetzt. Rang eins hat dementsprechend die größte Bedeutung.

Beurteilen Sie mit Ihrem Klienten, ob sein Leben in Einklang mit seinen Werten steht. Steht z.B. Familie an Stelle eins der Rangordnung, Ihr Klient arbeitet aber soviel, dass es sie nie sieht, so verläuft sein Leben nicht kongruent und er sollte seine Verhältnisse ändern. Das bedeutet natürlich nicht, dass er seinen Job kündigen sollte. Helfen sie ihm dabei herauszufinden, wie eine Lösung gefunden werden kann. Vielleicht reduziert er seine Stunden und stellt eine Unterstützung ein?

Eltern – Erwachsene – Kind Übung

Jeder Mensch trägt einen Teil Eltern – Erwachsener – Kind in sich. Bitten Sie Ihren Klienten, die folgenden Fragen zu beantworten.

Elternteil:

Was für Regeln, Pflichten und Werte hat er für sich selber kreiert?

Welche Regeln und Werte hat er von seinen Eltern übernommen?

Welche Regeln, Werte und Ideen akzeptiert er nicht?

Erwachsenenteil

Ihr Klient soll an eine Situation denken, in der er langsam und ruhig Daten gesammelt hat, um eine rationale und klare Entscheidung zu treffen.

Er soll eine Situation beschreiben, in der er sich ungerecht behandelt gefühlt hat, und trotzdem rational und überlegt geantwortet hat.

Kind-Anteil:

Was hat Ihr Klient gerne als Kind getan, dass er immer noch gerne tut?

Was für spontane Handlungen unternimmt er manchmal?

Finden Sie mit Ihrem Klienten heraus, welcher Anteil am dominantesten ist und welcher Teil zu wenig Beachtung findet und genährt werden sollte.

Konzentrieren Sie sich in der Sitzung darauf, eine Balance zu schaffen, indem Sie zum Beispiel mit dem vernachlässigten Kind-Anteil in Kontakt treten und ihn trösten. Die Innere Kind oder Selbst-Anteile Technik ist hierfür gut geeignet.

Übungsaufgabe:

Nehmen Sie sich einen Moment Zeit und beantworten Sie hier die o.g. Eltern-Erwachsener-Kind Fragen.

Sprachmuster

Hier finden Sie einige meiner Sprachmuster, die als kleine Intervention viel Wirkung zeigen. Benutzen Sie sie hier und dort in der Sitzung, um unbewusste Vorgänge in Gang zu setzen.

„In einem Moment, nicht sofort, werde ich…(bis drei zählen)
oder **„Gleich, aber nicht sofort, werde ich…**“
Sie bereiten das Unterbewusstsein auf das Kommende vor und erhöhen die Akzepttanz des Gesagten.

„Nun, sage mir, gibt es noch irgendetwas?“
Sie sorgen dafür, dass nicht nicht nur das Bewusste, sondern auch das Unbewusste zum Vorschein kommt. Wiederholen Sie diese Frage so oft, bis der Klient keine Antwort mehr zum Thema hat.

„Niemand kann dich aufhalten, ...(gesund und glücklich zu sein). Keine Menschen, keine Gedanken, keine Erinnerungen und keine Bilder. Nichts aus der Vergangenheit, nichts aus der Gegenwart und nichts aus der Zukunft kann dich jetzt aufhalten.“
Sie räumen alle möglichen Widerstände aus dem Weg.

„Du kannst alles erreichen, worauf du dich konzentrierst.“
Positive Verstärkung.

„Stelle dir vor, oder wenn du es nicht sehen kannst, dann denke nur daran oder bilde dir ein, dass du daran denkst, dass du…..(rauchfrei bist).“
Sie umgehen die Unfähigkeit des Klienten zu visualisieren.

„Nun schmecke dieses Gefühl mit deinen Ohren und rieche es mit deinen Augen. Sehe das Bild mit deinem Mund und fühle es mit deinen Fingern.“
Sie verwirren das Bewusstsein, so dass das Unterbewusstsein weniger gedeckelt wird und zugänglicher ist.

„Kreiere ein neues Verhalten, Denkmuster, eine neue Idee oder eine neue Lösung, ein neues Gefühl oder eine neue Strategie, die gesund, positiv und gut für dich ist. Etwas neues, was das Alte ersetzen wird.“
Sie geben dem Unterbewusstsein den Befehl, das Alte mit etwas Neuen zu ersetzen. Reframing ist wichtig, um loszulassen.

„Nimm dir so viel Zeit, wie du jetzt brauchst. Und lass mich wissen, wann du das getan hast, indem du leicht deinen Ja Finger hebst."
Der Klient entscheidet das Tempo seines Vorgangs durch eine ideomotorische Antwort.

„Du findest es jetzt sehr schwierig, dich daran zu erinnern. Denn du weißt ja, wie leicht es ist, etwas zu vergessen. Wie z.B. einen guten Witz, den du dir unbedingt merken wolltest, und dann ist er weg. So einfach vergisst man etwas, denn es ist so schwierig, sich zu erinnern. Einfach weg."
oder
„Jeder Mensch hat die ausgeprägte Gabe, Dinge zu vergessen. Namen, Orte, Geburtstage und vieles mehr. Es ist jetzt sehr schwierig für dich, dich daran zu erinnern, dass du einmal....(geraucht hast)"
Sie geben dem Unterbewusstsein die Erlaubnis, etwas zu vergessen.

„Mit jedem Atemzug atmest du von nun an das Neue ein, und das Alte aus. Mit jedem Atemzug atmest du von nun an das Neue ein, und das Alte aus."
Verstärkung des Vorgangs.

„Ich frage mich, ob du....(weißt, was es bedeutet rauchfrei zu sein)?"
Durch eine indirekte Frage ermöglichen Sie die indirekte Beantwortung des Unterbewusstsein.

„Einen Eimer stinkender, alter, überflüssiger Jauche kippt man in den Gully oder die Kanalisation, um ihn dann gründlich und anständig zu säubern, damit man klares, frisches, kaltes und gesundes Wasser hinein füllen kann. Also kipp die Jauche in den Gully."
Geben sie den Auftrag, alles Ungewollte und Alte loszulassen.

„Ein voller Behälter nimmt nichts Neues mehr auf. Also leert man ihn, damit etwas Neues hinein passt."
Altes gehen lassen.

„Und das Schöne heute hier ist, dass es nichts zu denken, nichts zu tun, nichts zu versäumen und nichts zu verpassen gibt. Du kannst also ganz unbesorgt entspannen und in die Liege unter dir hinein sinken."
Die Erlaubnis, mental zu entspannen ohne Druck und Erwartung.

Truism

Truism ist eine Binsenweisheit und somit eine Technik, die das Unterbewusstsein zur positiven Beantwortung des Kontextes bringt. Fügen Sie ein oder zwei mit ja zu beantwortende Truisms ein, bejahrt das Unterbewusstsein die nächste Suggestion ebenfalls. Ein Beispiel hier: "Jedermann weiß, dass es ohne Fleiß keinen Preis gibt, denn von nichts kommt nichts, oder? Und genauso weißt Du, dass es viel besser für dich ist, rauchfrei zu sein, oder?"

„Ohne Fleiß kein Preis."
oder
„Von nichts kommt nichts."
Man muss sich für etwas einsetzen, um Erfolg zu haben. Gerade in der Hypnose ist die Eigenverantwortung sehr wichtig.

„Jeder weiß, dass Veränderungen Konsequenzen haben."
Jede Veränderung zieht weitere Veränderungen mit sich. Gibt der Klient das Rauchen auf, wird seine Umwelt darauf reagieren.

„Was lange währt, wird endlich gut."
Alles braucht seine Zeit.

„Das Leben ist viel zu kurz, um sich über unnötige Dinge zu ärgern."
Unwichtige Dinge loslassen.

„Die Wahrheit ist nie trostlos."
Ehrlichkeit ist nicht einfach, aber aufregend.

„Die Dinge haben nur den Wert, den man ihnen verleiht."
Relativierung des Themas.

„Kleinvieh macht auch Mist"
Auch kleine Veränderungen haben ihren Wert.

„Morgenstund' hat Gold im Mund"
Ein früher Anfang lohnt sich.

„So wie der Morgen der Nacht folgt, so wie die Flut der Ebbe folgt, so wie zwei plus zwei vier ergibt, so wirst du....(rauchfrei sein)."
Unbewusste Bejahung des Themas.

Spiegelung

Wir spiegeln unseren Klienten, um Vertrauen zu gewinnen, ein Verhältnis herzustellen und um ihm den Raum zu geben, sich selber zu erfahren.

Wir benötigen:

-Empathie,

-eine Haltung, die nicht be –und verurteilt,

-ein aktives Ohr, das zuhört,

-die Fähigkeit, die Gefühle des Klienten zu erkennen,

-Mut zur Stille,

-viel Geduld, um Raum und Zeit zu geben,

-keine Erwartungen,

-Authentizität.

Die Technik:

-einladend wirken:
sich nur auf den Klienten konzentrieren und ihm in die Augen schauen.
Frage: Was beschäftigt dich gerade?

-nur wiedergeben, was sie auch verstehen:
z.B.: willst Du damit sagen, dass…

-keine Fragen stellen:
z.B.: was macht das mit Dir?, wie fühlst Du Dich?, wo kommt das her?

Was wird gespiegelt?

-Wünsche,

-Gefühle,

-Werte und Glaubenssätze,

-Widersprüche und Gegensätze.

Schauen Sie Ihrem Klienten warmherzig in die Augen und fragen Sie ihn, was ihn gerade beschäftigt. Warten Sie auf eine Antwort und wiederholen Sie diese einfach.

Beispiel:

Klient: ich bin traurig, da mich meine Frau verlassen hat.
Sie: Du bist also traurig, weil dich deine Frau verlassen hat.
Klient. Ja, und ich weiß überhaupt nicht warum.
Sie: Du weißt also überhaupt nicht warum...und das macht dich vielleicht wütend?
Klient: Ja richtig, das macht mich wütend und ich fühle mich im Stich gelassen.
Sie: also im Stich gelassen....

Durch diese Technik entsteht sehr schnell eine starke und wichtige Bindung zwischen Ihnen und Ihrem Klienten.

Übungsaufgabe:

Nehmen Sie sich einen Moment Zeit und gehen Sie einen inneren Monolog im Kopf durch. Fragen Sie sich selbst: was beschäftigt dich gerade. Warten Sie auf die Antwort und spiegeln Sie sich selber. Fragen Sie sich weiter: gibt es noch irgendetwas?

Techniken

Hier finden Sie verschiedenen Techniken, die Sie benutzen können, um Ihre Sitzungen abwechslungsreicher zu gestalten.

Paradoxe Intervention

Diese sehr ungewöhnliche Technik ermöglicht es Ihrem Klienten, scheinbar Unmögliches wieder möglich zu machen. Dieses Skript schafft neue neuronale Verbindungen, indem paradoxe Aussagen verknüpft werden, um so den Weg für vorher Unmöglich geglaubtes zu erschaffen.

Erstellen Sie mit Ihrem Klienten eine Liste seiner paradoxen Aussagen.

Möchte Ihr übergewichtiger Klient z.B. aufhören zu rauchen, glaubt aber, dass die Zigarette ihn entspannt und seinen Stress reduziert, hat er ein Problem, mit dem Rauchen aufzuhören. Zudem meint er, dass er sowieso schon zu übergewichtig ist und Gewicht zunehmen würde. Auch denkt er, dass Menschen, die gesund leben und schlank sind, verkrampft und unsympathisch wirken.

Die Liste könnte wie folgt aussehen:

Ziel:	Für den Klienten paradoxe Aussage:
Rauchfrei sein	dabei entspannt sein und Stress reduzieren
Rauchen aufgeben	dabei Gewicht abgeben
Schlank und gesund sein	dabei locker und sympathisch wirken

Der Sinn der Übung ist, die für ihn paradoxen Aussagen zu verknüpfen. Lesen Sie ihm folgende bekannte paradoxe Geschichte von einem unbekannten Autoren nach einer langen Induktion langsam vor und bitten ihn, sich die Geschichte genau vorzustellen. Wiederholen Sie die Sätze und geben Sie ihm Zeit, Bilder zu entwickeln.

"Dunkel war's, der Mond schien helle,
schneebedeckt die grüne Flur,
als ein Wagen blitzesschnelle,
langsam um die Ecke fuhr.

Drinnen saßen stehend Leute,
schweigend ins Gespräch vertieft,
als ein totgeschoss'ner Hase
auf der Sandbank Schlittschuh lief.

Und ein blondgelockter Jüngling
mit kohlrabenschwarzem Haar
saß auf einer grünen Kiste,
die rot angestrichen war.

Neben ihm 'ne alte Schrulle,
zählte kaum erst sechzehn Jahr,
in der Hand 'ne Butterstulle,
die mit Schmalz bestrichen war."

Hat Ihr Klient die Geschichte erfolgreich in seine eigenen Bilder umgesetzt, bitten Sie ihn, seine eigenen paradoxen Aussagen umzusetzen.

Sagen Sie: "und nun, da du gesehen hast, wie das Unmögliche möglich ist und du die Fähigkeiten besitzt, neue neuronale Verbindungen zu knüpfen, weißt du, dass du alles erreichen kannst, was du dir vorstellst. Ja, du kannst alles erreichen, was du dir vorstellst.

Tue nun mal ganz genau so, als ob du wüsstest, wie es ist, wenn du rauchfrei bist und dabei völlig entspannt und zusätzlich deinen Stress abbaust. Wie würde das wohl aussehen?...wie würde sich das wohl anfühlen?..kreiere ein schönes Bild und ein gutes Gefühl. Du bist rauchfrei und dabei entspannt und baust deinen Stress ab...

(Pause)

Und nun stelle dir vor, wie du während des Rauchens auch noch Gewicht abgibst...ganz einfach und problemlos...du gibst das Rauchen auf und gibst dabei Gewicht ab. Wie würde das wohl aussehen?...wie würde sich das wohl anfühlen?..kreiere ein schönes Bild und ein gutes Gefühl. Du bist rauchfrei und und gibst dabei Gewicht einfach so ab.

(Pause)

Tue nun nochmal ganz genau so, als ob du wüsstest, wie es ist, wenn du schlank und gesund und dabei locker und sympathisch wirkst... wie würde das wohl aussehen?...wie würde sich das wohl anfühlen?..kreiere ein schönes Bild und ein gutes Gefühl. Du bist schlank und gesund und dabei wirkst du locker und sympathisch..."

Auch hier wiederholen Sie die paradoxen Aussagen ein paar Mal, bis Ihr Klient schöne Bilder entwickelt hat und dabei positive, glaubhafte Gefühle kreiert hat.

Übungsaufgabe:

Nehmen Sie sich einen Moment Zeit und schreiben Sie hier ein paar ihrer eigenen paradoxen Aussagen auf.

Mein Held

Dieses ist eine wunderbare Technik, um zu erkennen, was Ihr Klient gerne für Fähigkeiten hätte und um seine eigenen Ressourcen zu aktivieren.

Bitten Sie Ihren Kunden, den eigenen Held genau zu beschreiben. Diesen Held kann es wirklich geben, oder er kann nur ausgedacht sein. Die Beschreibung sollte mit möglichst vielen Adjektiven ausgestattet sein.

In der Sitzung soll Ihr Kunde sich vorstellen, wie er als der Held morgens aufwacht, den Tag verlebt, und abends wieder zu Bett geht.

Beschreiben Sie Ihren Kunden in der Sitzung, wie der Held sich benimmt, was er denkt, wie er fühlt und was für ein Mensch er ist.

Sobald Ihr Kunde den Held genau etabliert hat, lassen Sie ihn mit dem Held verschmelzen und die entsprechenden Eigenschaften aufnehmen. Jede einzelne Eigenschaft wird verankert.

Beispiel:

Ihr Klient hat sich Supermann ausgesucht und beschreibt ihn auf seiner Liste wie folgt: Supermann ist schlau und mutig, er ist extrem stark und hat außergewöhnliche Fähigkeiten. Er sieht gut aus und ist schüchtern. Außerdem ist er in seine Kollegin verliebt.

In der Sitzung könnten Sie folgendes Skript benutzen: „ Verfolge deinen Helden durch den Tag. Bemerke, wie es sich fühlt, wenn es morgens aufsteht...schaue zu, was er tagsüber tut, wie er sich benimmt, was er denkt...fühle, wie er sich abends fühlt, wenn er zu Bett geht. Tue so, als ob du ganz genau wüsstest, wie er denkt, was er fühlt, womit er sich beschäftigt.

Und dann verschmelze mit den Fähigkeiten deines Helden. Nimm sie in dich auf,

Nun sehe dich, wie du schlau und mutig bist...ja, du bist schlau und mutig und extrem stark. Du hast außergewöhnliche Fähigkeiten und kannst alles erreichen, worauf du dich konzentrierst. Zudem bist du schüchtern, siehst aber gut aus. Wie fühlt sich das wohl an...wie sieht das wohl aus? Auch bist du verliebt..und ich frage mich jetzt, in wen du wohl verliebt sein kannst? Vielleicht weißt du es, vielleicht aber auch nicht. Kreiere aber eine klare Vorstellung von dem, was es für dich bedeutet, schlau und mutig, stark und verliebt zu sein.“ (Anker setzen)

Anmerkung Anker setzen: Fragen Sie Ihren Kunden vor der Sitzung, ob Sie ihn an der Schulter berühren dürfen. Bejaht er die Frage, so berühren Sie ihn in der Sitzung immer dann an der Schulter, wenn Sie das Gesagte verstärken möchten.

Beispiel: Und nun schaue dich genau an und bemerke, wie mutig (an der Schulter berühren) und wie stark (an der Schulter berühren) und gesund (an der Schulter berühren) du aussiehst.....

Automatisches Schreiben

Diese Technik wird benutzt, um eine Dissoziation zu ermöglichen. Möchte oder kann Ihr Klient einen Vorgang, eine Erinnerung oder einen Gedanken nicht aussprechen, so kann er es mit dem automatischen Schreiben zum Ausdruck bringen.

Benutzen Sie eine Induktion nach Wahl mit Deepener.

„Stelle dir nun vor, dass sich dein rechter Arm mit deiner rechten Hand von deinem Verstand trennt. Das heißt, dass er weiter ein Teil deines Körpers bleibt, sich aber völlig von dem Willen deines Bewusstseins abkoppelt.

Er entwickelt seinen eigenen Willen.

(Pause).

Gleich werde ich dich bitten, deine Augen zu öffnen und aufzuschreiben, was deine Hand unbedingt zum Ausdruck bringen möchte. Du wirst bemerken, dass sich deine Trance nur vertieft.

Deine Hand kennt die Antworten auf alle Fragen, denn sie ist losgelöst von deinem Verstand.

Jetzt zähle ich bis drei und bei drei öffnest du deine Augen.

Eins, zwei und drei. Öffne deine Augen. Sehr schön.

Nun schreibe erst mal deinen Namen auf das Papier.

Sehr gut.

Und nun schreibe auf, warum Du……

Oder was passiert ist.....

Oder wie es dazu kam, dass....“

Bewerten Sie die Antworten mit Ihrem Klienten nachdem er wieder aus der Hypnose gekommen ist.

Ideomotorische Antwort

Diese Technik ermöglicht es Ihrem Kunden, Antworten aus dem Unterbewusstsein heraus zu vermitteln, ohne den Filter des Bewusstseins zu aktivieren oder das kritische Denken zu benutzen.

Bitten Sie Ihren Kunden, Ihnen zu sagen, welchen Finger er als Ja-Finger und welchen Finger er als Nein-Finger benutzen möchte. Dabei soll er sich einfach auf das Wort „Ja“ konzentrieren, und einen Finger hochkommen lassen. Das Selbe mit dem Wort „Nein“.

In Hypnose bitten Sie Ihren Kunden zu bestätigen, dass sein Unterbewusstsein mit der Technik der ideomotorischen Antwort einverstanden ist. Zum Beispiel: „.und wenn dein Unterbewusstsein damit einverstanden ist, dass wir die Finger zum Beantworten von Fragen benutzen, dann bewege jetzt deinen Ja Finger...wenn nicht, bewege deinen Nein Finger.“

Benutzen Sie nur geschlossene Fragen, also Fragen, die nur eine Ja oder Nein Antwort erlauben.

Beispiele:

„Konzentriere dich nun auf diesen wunderschönen Ort, an dem du dich sicher, entspannt und zufrieden fühlst. Und sobald du dich sicher und entspannt fühlst, bewege bitte deinen Ja Finger. Solltest du jedoch einen Widerstand spüren, und du kannst dich nicht entspannen, so bewege bitte deinen Nein Finger.“

Achten Sie natürlich genau auf die Finger, um die Antwort zu bemerken. Nichts ist schlimmer als wenn der Kunde sich alleingelassen fühlt und bemerkt, dass Sie sich nicht auf ihn konzentrieren.

Selbst Anker

Ein Anker verankert ein Gefühl. Wir können diesen Anker auch selber setzen und abfeuern. Diese Übung sollte öfters praktiziert werden.

Sagen Sie zu Ihrem Kunden, nachdem Sie eine lange Entspannungsinduktion mit sicherem Ort und Deepener verwendet haben:

„Und sobald du dich wirklich sicher und entspannt fühlst, bewege leicht deinen Ja Finger.

So ist es gut.

Konzentriere dich auf das Gefühl der Entspannung und mache es stärker und noch größer. Vervielfache es.
Sobald du nun dieses Gefühl wirklich spürst, bewege langsam deinen Daumen und Zeigefinger einer Hand in einer kreisförmigen Bewegung zusammen.
Nimm das Gefühl der Entspannung in dich auf.

(Pause)

Jedes Mal wenn du dieses Gefühl der Entspannung abrufen möchtest, reibst du diese beiden Finger zusammen und es kommt zu dir zurück.

Jedes Mal wenn du dieses Gefühl der Entspannung abrufen möchtest, reibst du diese beiden Finger zusammen und es kommt zu dir zurück.

Du fühlst dich sicher und entspannt."

Diese Übung sollte von Ihrem Klienten abends im Bett wiederholt werden, damit der Anker sich verstärkt. Das verankerte Gefühl kann nach einer Weile durch das Reiben der Finger abgerufen werden. Es dient zur Beruhigung in stressigen Situationen.

Ressourcentransfer

Diese Technik wird benutzt, um innere Potentiale wie z.B. Fähigkeiten, Stärken, Kenntnisse und Erfahrungen, die man schon einmal erlebt hat, die aber über die Jahre verloren gegangen sind, wieder zu aktivieren und in die Gegenwart zu transferieren.

„ Nimm dir jetzt einen Moment Zeit und begib dich zurück in eine Zeit, in der du (jetzt fügen sie die benötigten Ressourcen wie Selbstvertrauen, Kraft und Energie ein) erlebt hast... Und plötzlich erinnerst du dich wieder. Du erinnerst dich an den Moment in deinem Leben, in dem du voller Selbstvertrauen, Kraft und positiver Energie warst…ein schöner Moment…..ein ganz besonderer Moment. Vielleicht kannst du diesen Moment genau vor deinem inneren Auge sehen?... Vielleicht kannst du um ihn herum gehen und ihn von allen Seiten begutachten?

Vielleicht erkennst du, warum dieser Moment so eindrucksvoll war?…..bemerke nun, welche Kräfte in dir ruhten, genau zu diesem Zeitpunkt.

Welche Fähigkeiten du besaßt ...welcher Glauben es dir ermöglichte so stark zu sein…..erkenne, wie du dich zu diesem Zeitpunkt deines persönlichen Erfolges gefühlt hast…tauche tief in diesen Moment deiner Vergangenheit hinein und genieße ihn.

Sehe ihn…..fühle ihn….erkennen ihn….rieche und schmecke ihn, wenn du kannst…..denn dieser besondere Moment gehört dir, dir alleine. Er steckt tief unten in dir.

Verbinde dich nun mit ihm. Bemerke, welche Kräfte und Fähigkeiten wirklich in dir stecken.

(Pause)

Mache ihn nun stärker, größer und deutlicher und bringe ihn aus der Vergangenheit in die Gegenwart. In das hier, das jetzt und Nun.

Fühle, wie die alten Fähigkeiten in dir aufsteigen, wie die Luftblasen am Boden des Meeres….sie steigen langsam empor…..immer mehr, immer schneller, immer kräftiger. Es fühlt sich gut, positiv und kräftig an.

Bemerke, wie diese alten neuen Fähigkeiten, Kräfte, Talente, Denkstrukturen, Verhaltensmuster, positiven Gefühle und Vertrauensgrundlagen dir weiterhelfen können.

Erkenne, wie das so lange in dir Schlummernde dir jetzt helfen kann.....wie es dich in deinem jetzigen Leben unterstützen kann.

Realisiere, wie du dich selber benutzen kannst, um voranzuschreiten. Ohne Zweifel, ohne Angst, ohne Hemmungen.

Denn nichts und niemand kann dich jetzt aufhalten, dein Ziel zu erreichen. Keine Menschen, keine Gedanken, keine Erinnerungen, keine Bilder. Nichts und niemand. Nichts aus der Vergangenheit, nichts in der Gegenwart, nichts in der Zukunft kann dich jemals aufhalten.

Sie weißt, dass du alles erreichen kannst, worauf du dich konzentrierst. Und jetzt konzentrierst du dich auf deine Ressourcen, deine Fähigkeiten, dein Vertrauen in die Kraft des Universums, dein Vertrauen in dich selbst."

Übungsaufgabe:

Nehmen Sie sich einen Moment Zeit und schreiben Sie hier die Ressourcen eines Moments in Ihrer Vergangenheit auf.

Suggestionen

Suggestionen sind ein wichtiges Werkzeug eines Hypnotiseurs. Werden sie falsch angewendet, können sie großen, bleibenden Schaden bei ihrem Klienten anrichten. Auf der anderen Seite können richtig formulierte Suggestionen schnell und effektiv bleibende, positive Veränderungen in Gang setzen. Die Idee dieser Information stammt aus meiner NGH Zertifizierung.

Natürlich ist es viel sinnvoller, jedem Klienten seine auf ihn individuell zugeschnittenen Suggestionen zukommen zu lassen, als immer wieder das Gleiche Skript für alle Kunden zu benutzen.

Hier stelle ich Ihnen die Grundregeln vor, die Sie zum Kreieren Ihrer eigenen Suggestionen beachten sollten.

Die Suggestionen sollten wie folgt sein:

- Freundlich und einfach ausgedrückt
- Glaubhaft
- Vergleichbar
- Im Hier und Jetzt
- Gewinnbringend

Ein positiver Ton, der freundlich, einfach ausgedrückt und glaubhaft ist, wird vom Unterbewusstsein angenommen. Machen Sie die Suggestionen messbar, das heißt, kontrollierbar und vergleichbar. Ermöglichen Sie Ihrem Klienten zu bemerken, in welcher Verfassung er vor den Sitzungen mit Ihnen war und wie er Fortschritte macht. Bis wann soll was wie geschehen? Flechten Sie das genaue Ziel in die Suggestionen mit ein.

Sprechen Sie in der Gegenwartsform und nicht der Zukunft. Sagen Sie: „morgen früh stehst du um 8:00 Uhr auf und gehst eine halbe Stunde joggen". Sagen Sie nicht: „morgen früh wirst du um 8:00 Uhr aufstehen." Die Zukunft ist für das Unterbewusstsein belanglos. Es agiert in der Gegenwart. Und erwähnen Sie den Vorteil, der durch die Veränderung entsteht, damit die Motivation entsteht.

Beispiel:

„Jeden Tag gehst du um 8:00 Uhr morgens für eine halbe Stunde joggen, damit du gesund und fit bleibst.“

Eigene Aufgabe:

Nehmen Sie sich einen Moment Zeit und schreiben Sie hier Ihre eigene Suggestion auf.

Induktionen

Es gibt eine Unmenge an Induktionen. Hier führe ich meine eigene Induktion auf, die problemlos in die Entspannung führt.

Zahlen Induktion

„Nimm dir einen Moment Zeit und konzentriere dich auf deine Atmung. Stelle dir vor, dass du mit jedem Atemzug ein Gefühl der Entspannung einatmest und den ganzen Stress und die Anspannung des Alltags ausatmest....Tue einfach so, als ob du ganz genau wüsstest, welche angenehme und warme Farbe dieses Gefühl der Entspannung wohl haben mag. Dieses schöne Gefühl, dass jetzt, oder auch erst gleich, anfängst, ganz langsam und friedlich durch deinen Körper zu fließen.

In einem Moment werde ich von eins bis zwanzig zählen. Bei jeder Zahl wirst du zweimal so tief in die Entspannung abtauchen. Du wirst immer tiefer in das Zentrum deines Seins, in das Zentrum deiner Wahrheit abtauchen.

Und vielleicht möchtest du dir vorstellen, dass du eine wunderschöne Treppe hinuntersteigst oder an einem wunderbaren, weißen, tropischen Strand spazieren gehst.

Aber was auch immer du dir vorstellen magst, du wirst immer tiefer in die Entspannung hineingleiten.

Zwischen den Zahlen wiederholst du immer wieder zu dir selber:
Ich gebe mir die Erlaubnis, mich zu entspannen und loszulassen... ich gebe mir die Erlaubnis, mich zu entspannen und loszulassen.

Und wenn wir hier von Entspannung sprechen, dann reden wir über körperliche, geistige und emotionale Entspannung. So stelle dir nun vor, was es für dich bedeutet, körperlich entspannt zu sein. Wie sieht es aus...wie fühlt es sich an?

Stelle dir vor, was es für dich bedeutet, geistig entspannt zu sein. Der Verstand ist so ruhig, rein und leer wie ein weißes Blatt Papier. Wie fühlt sich das wohl an...wie sieht das wohl aus?

Bemerke, was es für dich heißt, emotional entspannt zu sein. Deine Gefühlswelt ist ausgeglichen und ausbalanciert. Kein hoch, kein runter. Wie sieht das wohl aus...wie fühlt sich das wohl an?

Nun bereite dich vor, immer tiefer abzutauchen.

Eins….zwei…tiefer und tiefer…drei…immer weiter, immer tiefer….vier…fünf… immer entspannter…sechs….

und du sagst immer wieder zu dir selbst...ich gebe mir die Erlaubnis, mich zu entspannen und loszulassen...ich gebe mir die Erlaubnis, mich zu entspannen und loszulassen..

sieben…tiefer und tiefer…acht…denn du weißt, dass du hier sicher bist…neun…du weißt, dass du die volle Kontrolle über deinen Verstand besitzt...zehn…immer tiefer…

und du sagst immer wieder zu dir selbst...ich gebe mir die Erlaubnis, mich zu entspannen und loszulassen...ich gebe mir die Erlaubnis, mich zu entspannen und loszulassen..

elf…zwölf…du gibst dir die Erlaubnis, dich zu entspannen…dreizehn…ganz weit nach unten…vierzehn…immer tiefer und tiefer…fünfzehn…

und du sagst immer wieder zu dir selbst...ich gebe mir die Erlaubnis, mich zu entspannen und loszulassen...ich gebe mir die Erlaubnis, mich zu entspannen und loszulassen..

sechzehn…immer entspannter…achtzehn…ganz nach unten…tiefer und tiefer… neunzehn…und zwanzig….schön entspannt.

Das machst du sehr gut."

Deepener setzen.

Anmerkung Deepener: Fragen Sie Ihren Kunden vor der Sitzung, ob Sie ihn an der Schulter berühren dürfen. Bejaht er die Frage, so berühren Sie ihn in der Sitzung immer dann an der Schulter, wenn Sie die Trance vertiefen möchten.

Beispiel: „Und gleich berühre ich dich an deiner Schulter, und nur die Berührung und die Wörter „tiefer und tiefer" ermöglichen es dir, noch tiefer in diesen wunderschönen Zustand der Entspannung zu tauchen."

Berühren Sie Ihren Klienten an der Schulter und sagen Sie bei der Berührung die Wörter „tiefer und tiefer".

Anspannungsabbau

Nach der Induktion können Sie Ihrem Klienten die Möglichkeit geben, Stress und Spannung aktiv abzubauen.

„Nimm noch einmal einen tiefen Atemzug und verbinde dich mit deinem Körper….fühle sein Gewicht…spüre deinen Herzschlag….folge deiner Atmung. So ist es gut...

Nun tauche tiefe in deinen Körper hinein und bemerke, ob sich irgendwo noch ein Gefühl der Anspannung befindet. Vielleicht in den Schultern oder Nacken? Vielleicht in deinem Kopf? Vielleicht in deinem Oberkörper oder in deinem Bauch? Schaue in jede Ecke deines Körpers...

Und solltest du ein Gefühl der Anspannung gefunden haben, so verwandle es nun in Rauch, Nebel oder Staub und sende es durch deinen Körper hindurch, die Beine hinunter und hinaus durch die Fußsohlen.

Verabschiede dich von diesem Gefühl und lasse es gehen.

Gib dir selbst jetzt die Erlaubnis, jede Anspannung in deinem Körper und deinem Geist zu verabschieden.

So ist es gut.

Und sobald du dich entspannt hast und sicher fühlst, bewege leicht deinen Ja Finger.

So ist es gut.“

Computer Induktion

Diese Induktion dient dazu, das Bewusstsein zu beschäftigen, damit ein Zugang zum Unterbewusstsein entstehen kann. Benutzen Sie diese Induktion bei kritischen Analytikern oder Menschen, die zu sehr im Kopf beschäftigt sind. Aber sie funktioniert auch bei Menschen, denen eine Entspannungshypnose zu langweilig ist. Die Idee stammt aus der NGH Zertifizierung.

„Stell dir einen Computerbildschirm vor. Ein Computer, so wie wir sie früher in der Schule hatten. Vielleicht mit einem Keyboard, dass sich vor dem Computer befindet oder vielleicht auch ein Tablet mit einem Touchscreen.

Und wenn du dir den Computer oder das Tablet nicht vorstellen kannst, so macht das gar nichts. Tue einfach so, als ob du es könntest oder denk einfach nur an einen Bildschirm.

Gleich werde ich dich bitten, ein großes X auf den Bildschirm zu tippen.

(Pause)

So, nun tippe ein X auf den Bildschirm. Ganz sicherlich weißt du ja, wo sich das X auf der Tastatur befindet, nicht wahr?

Gleich werde ich dich bitten, den Cursor zu benutzen, um das X wieder zu löschen.

So, nun finde den Cursor und verwende ihn, um das X wieder zu löschen, so dass der Bildschirm wieder leer ist. Denn dies war nur eine Aufwärmübung.

Gleich werde ich dich bitten, das Alphabet auf den Bildschirm zu schreiben. Von A bis Z. Du tippst das A auf den Bildschirm. Dann verwendest du den Cursor und löscht es wieder, um Platz zu machen. Dann schreibst du ein B, und löscht es wieder weg. Dann ein C usw. Ganz sicherlich erinnerst du dich daran, wo sich die Buchstaben auf der Tastatur befinden. Und wenn Du es nicht mehr weißt, dann ist das auch in Ordnung. Tue einfach so, also ob du es wüsstest.

Fang noch nicht an, denn das Schwierige an der Sache ist, dass du, sobald du angefangen hast, das Alphabet zu schreiben, mir nicht mehr zuhören wirst. Natürlich werde ich weiter reden, aber du hörst mir nicht mehr bewusst zu, bis du das Alphabet fertig geschrieben hast. Erst dann nickst du ein wenig mit dem Kopf, um mir zu signalisieren, dass du fertig bist, und kannst mir wieder zuhören. Aber bis du damit fertig bist, konzentrierst du dich nur auf deine Aufgabe, einen Buchstaben auf den Bildschirm zu tippen, ihn dann zu löschen, um dann zum nächsten überzugehen. Und mit jedem Buchstaben, den du gleich auf den Bildschirm schreiben wirst, versinkst du immer weiter und tiefer in eine körperliche und seelische Entspannung. Bis das Alphabet fertig ist. Erst dann nickst du ein wenig mit dem Kopf, um mir zu signalisieren, dass du fertig bist. Und erst dann kannst du mir wieder zuhören

So, nun fange an, das Alphabet zu schreiben.

Erst das A… nun lösche es weg… und nun das B… lass es verschwinden… und nun fahre fort….

Höre mir nicht mehr zu, denn mit jedem Buchstaben, den du jetzt auf den Bildschirm tippst, versinkst du immer weiter in die Entspannung. Mit jedem Buchstaben tauchst du tiefer und tiefer ab, bis du am Ende des Alphabets angekommen bist und mit dem Kopf nickst.

So ist es gut.
(Reden Sie weiter, bis Ihr Klient mit dem Kopf nickt)

Mit jedem Buchstaben, den du jetzt auf den Bildschirm schreibst, versinkst du immer weiter in die Entspannung. Mit jedem Buchstaben tauchst du tiefer und tiefer ab, bis du im Zentrum deiner Wahrheit angelangt bist. Mit jedem Buchstaben, den du jetzt tippst, versinkst du immer weiter in die Entspannung. Mit jedem Buchstaben tauchst du tiefer und tiefer ab. Mit jedem Buchstaben, den du jetzt auf den Bildschirm schreibst, versinkst du immer weiter in die Entspannung. Mit jedem Buchstaben tauchst du tiefer und tiefer ab, bis du am Ende des Alphabets angekommen bist und mit dem Kopf nickst.

So ist es gut. Tiefer und höher, immer weiter in das Zentrum deines Seins hinein.

Mit jedem Buchstaben, den du jetzt tippst, versinkst du immer weiter in die Entspannung. Mit jedem Buchstaben tauchst du tiefer und tiefer ab, bis du am Ende des Alphabets angekommen bist und mit dem Kopf nickst.

(Immer weiter reden, bis ihr Klient mit dem Kopf nickt. Sobald er das tut, sagen sie:)

Sehr gut. Nun bist du in einer tiefen Entspannung angelangt und kannst mir wieder zuhören. In dieser Form der Entspannung nimmt dein Unterbewusstsein alles auf, was ich sage und verwertet es in einer positiven und gesunden Art und Weise. Dein Unterbewusstsein nimmt nur auf, was für dich gesund und gut ist.“

Schnellinduktionen

Die Frage nach der besten Induktion ist so müßig wie die Frage nach dem schönsten Lied oder der hübschesten Farbe.

Warum? Weil die Antwort darauf so unterschiedlich ist, wie die Menschen selber. Es gibt keine Standardantwort.

Die Schnellinduktionen beansprucht weniger als 2 Minuten. Sie werden auf der Bühne benutzt, um die Betroffenen, sowie die Zuschauer zu beeindrucken, aber auch, um Zeit zu sparen.

Wir benutzen sie bei Klienten, die schon öfters bei uns in Hypnose waren.

Schnellinduktionen dienen als Überzeuger für den Klienten, und um die Sitzungszeit produktiver nutzen zu können. Überzeuger sind Techniken, die den Klienten davon überzeugen, hypnotisiert zu sein.

Die Elemente der Schnellinduktion sind:

- Verwirrung

- Langeweile

- Augenfixierung

- Schock

- Überladung

- Bruch des Gleichgewichts

Verwirrung

Verwirren Sie den Verstand des Klienten, indem Sie unlogische Aussagen machen.

Beispiel: „Gleich zähle ich von eins bis drei, und bei drei angekommen, schließt du deine Augen und tauchst in eine tiefe Hypnose hinein. Fertig? Eins, drei, fünf, und hinab in die Hypnose...und dabei hörst du jetzt mit deinen Augen, was ich sage, und riechst mit deinem Mund..."

Langeweile

Langweilen Sie ihren Klienten durch langsame Wiederholungen und eine sehr ruhige Sprache.

Beispiel:“Und nun schaue auf die Innenseite meiner Handfläche und konzentriere dich darauf. Gleich werde ich mit meiner Hand immer näher kommen und dich irgendwann an deiner Stirn berühren. Sobald ich deine Stirn berühre, schließt du deine Augen und gehst in eine tiefe Trance.

Du wirst immer ruhiger, immer müder, immer entspannter..(langsam näher kommen und ganz ruhig weiter sprechen)...
Du wirst immer ruhiger, immer müder, immer entspannter..(langsam näher kommen und ganz ruhig weiter sprechen)...
Du wirst immer ruhiger, immer müder, immer entspannter..(langsam näher kommen und ganz ruhig weiter sprechen)...
Du wirst immer ruhiger, immer müder, immer entspannter..(langsam näher kommen und ganz ruhig weiter sprechen)...

Du wirst immer ruhiger, immer müder, immer entspannter..(berühren sie die Stirn und sagen sie) ..nun schließe deine Augen und gehe in eine tiefe Trance.“

Bei dieser Technik benutzen sie zusätzlich die Augenfixierung.

Augenfixierung

Bitten Sie Ihren Klienten, einen Gegenstand im Zimmer oder auch ihre Handfläche oder Zeigefinger mit seinen Augen zu fixieren.

Sagen Sie: „nun schaue auf das Bild an der Wand und konzentriere dich dabei nur auf das Bild. Ganz langsam werden deine Augen immer müder und entspannter...immer müder und entspannter...immer müder und entspannter. Gleich sind sie so müde und entspannt, dass du sie schließt und in eine tiefe Trance eintauchst...“

Schock

Schock ist ein Element, welches ich nicht benutze, aber erwähnen möchte. Es ist invasiv und unangenehm.

Bitten sie ihren Kunden sich auf etwas zu konzentrieren, wie z.B. die Lampe an der Decke. Nach einer Weile klatschen sie laut in die Hände und schreien: Schlaf jetzt!

Hier steht der Schock in Verbindung mit der Augenfixierung.

Überladung

Fühlt sich das Bewusstsein überfordert, klingt es sich aus und der Zugang zum Unterbewusstsein wird erleichtert. Überladen Sie das Bewusstsein durch zu viele Aufträge.

Beispiel:" und nun fühle den Sessel unter dir, höre der Musik zu, bemerke das Bild an der Wand und tauche in dein Zentrum hinein. Denke an einen schönen Moment in deinem Leben und sehe deine strahlende Zukunft wie einen Film vor dir."

Bruch des Gleichgewichts

Dieses Element ist ebenfalls invasiv und unangenehm. Nehmen Sie die Hand Ihres auf einem Sessel sitzenden Klienten, schütteln Sie sie leicht. Dann reißen Sie die Hand und den Arm nach vorne und ziehen den Oberkörper nach unten. So brechen Sie das Gleichgewicht des Klienten und sagen dabei: Schlaf jetzt!

Hier benutzen Sie zusätzlich das Schock Element. Von beiden rate ich ab.

Eine Schnellinduktion funktioniert bestens, wenn sie mindestens zwei der oben erwähnten Elemente kombinieren.

Beispiel: die rotierenden Hände.

„Gleich werde ich dich bitten, die Hände im Uhrzeigersinn rotieren zu lassen. Dabei konzentrierst du dich auf deine rotierenden Hände und folgst meinen Anweisungen.

(Demonstrieren Sie, wie die Hände sich umeinander bewegen bzw. drehen)

Wenn ich schneller sage, werde schneller. Wenn ich langsam sage, werde langsamer. Wenn ich andersherum sage, wechsle die Richtung.

Nun fange an. (Geben sie die Befehle schnell und verwirrend. Sobald der Kunde verwirrt aussieht und durcheinander kommt, sagen sie.)

Nun schließe deine Augen und gehe in eine tiefe Hypnose. So ist es gut."

Hier verwenden Sie Verwirrung und Augenfixierung.

Skripte

Skripte sind die Texte, die als Inhalt für die Sitzung dienen. Sie folgen der Induktion und dem Deepener.

Folgend finden Sie ein paar meiner Lieblingsskripte. Sie können sie natürlich komplett übernehmen oder nur als Gerüst oder Inspiration für Ihre eigenen Skripte benutzen.

Sicherer Ort

Dies ist ein Skript, um Ihren Klienten ein Gefühl der Sicherheit und Entspannung zu ermöglichen und zu verankern. Es dient als Sicherheitsnetz, falls unerwartet Turbulenzen in der Sitzung auftauchen. Ihr Klient kann dann jederzeit wieder an seinen sicheren Ort zurückkehren, um sich zu beruhigen.

„Dein Verstand nimmt dich nun mit auf eine Reise an den wunder schönsten Ort der Welt. Ein Ort, an dem du dich sicher, entspannt und zufrieden fühlen kannst.

Und diesen Ort gibt es vielleicht wirklich oder du denkst ihn dir einfach nur aus...Vielleicht ist er drinnen oder draußen, ...vielleicht ist es ein Sofa auf einer Wolke im Himmel... Vielleicht ist dieser Ort ein tropischer Strand irgendwo oder ein bequemer Sessel bei dir zu hause.

Schaue dir diesen wunderschönen Ort, an dem du dich sicher, entspannt und zufrieden fühlst, genau an... Erkenne die Einzelheiten, die Umrisse und Farben... Und solltest du dich draußen im Freien befinden, so kannst du vielleicht das warme Sonnenlicht auf deiner Haut spüren, den Wind in deinem Gesicht, den Boden unter deinen Füßen.

Spüre diesen Ort, an dem du dich sicher, entspannt und zufrieden fühlst, um dich herum.

Vielleicht kannst du Geräusche wahrnehmen... Vielleicht kannst du das Rauschen des Meeres hören, oder das Rascheln der Blätter im Wind... Vielleicht herrscht dort eine wunderbare, angenehme Stille... an dem Ort, an dem du dich sicher, entspannt und zufrieden fühlst.

Tauche tief in ihn hinein. Nimm das Gefühl der Sicherheit, der Entspannung und der Zufriedenheit in dich auf.

Dieses Gefühl der Sicherheit, der Entspannung und der Zufriedenheit fängt an, stärker und größer zu werden.

Spüre, wie das Gefühl der Sicherheit, der Entspannung und der Zufriedenheit immer stärker wird.

Schließe in dich ein. Verankere es im Zentrum deines Seins.

(Setzen sie einen Anker)

Dieses Gefühl der Sicherheit, der Entspannung und der Zufriedenheit gehört dir. Es ist ein Teil von dir.“

Grundvertrauen Skript

Dieses meiner Skripte dient dazu, Vertrauen in sich selber aber auch das Universum aufzubauen. Es führt einen Ressourcentransfer durch, indem es Fähigkeiten aus der Vergangenheit in die Gegenwart bringt. Am Ende folgt eine Progression.

Zuerst benutzen Sie eine ausführliche Induktion mit Deepener und dann den Ort der Sicherheit. Dann folgt:

„Und während du dich entspannst und sicher und geborgen fühlst, stelle dir vor, dass genau über ihrem Kopf eine Blase aus weißem, wunderschönem Licht schwebt. Dieses Licht ist warm und freundlich. Es besteht aus unendlich viel positiver Energie. Es hat die Kraft des universalen Erzeugers, wie auch immer du dir diese Kraft vorstellen möchtest und mir ihr verbunden sein möchtest.

Langsam kommt dieses weiße, goldene Licht herab und fließt friedlich in dich hinein durch deine Schädeldecke.

Du kannst fühlen, wie es sich ausbreitet in deinem Körper. Warm, friedlich, wie eine Woge goldenen Sonnenlichtes strömt es durch dich hindurch in jede Zelle deines Körpers, in jeden Teil deines Verstandes und deiner Wahrnehmung. So fühle, bemerke und sehe, wie dieses wunderschöne, warme Licht durch deinen ganzen Körper fließt und dich erfüllt mit einem Bewusstsein des Friedens, der Geborgenheit und Liebe.

Aber es fließt nicht nur durch dich hindurch, es umgibt dich auch wie eine Blase warmen Lichtes. Es umhüllt dich, es schützt dich und es leitet dich. Langsam wirst du von dieser Blase goldenen Lichtes emporgehoben. Du fühlst, wie du anfängst zu schweben. Leicht und unbeschwert, ruhig und entspannt. Du hast das Gefühl, dass du immer so leicht und schwerelos gewesen bist. Es fühlt sich natürlich und wunderschön an. Alle Last löst sich von deinem Körper, aus deinem Verstand. Alle Sorgen, jeder Stress, unnötige Gedanken, negative Gefühle fallen von dir ab, so dass du immer freier wirst und aufsteigst. Du schwebst immer höher, immer friedlicher, immer einfacher. Wie ein Vogel oder ein Heliumballon gleitest du dahin.

Du bemerkst, dass die Erde unter dir kleiner und kleiner wird. Die Einzelheiten verschwinden, die Hektik der Welt dort unten entfernt sich und wird immer unbedeutender für dich. Von dieser höheren Perspektive wird dir klar, dass der Ameisenhaufen dort unten furchtbar nervös und stressig aussieht. Du schaust dir das Treiben an, und fühlst dich dabei so leicht und entspannt, so friedlich und gelöst.

Das goldene, warme Licht um dich herum wird immer stärker, die Blase, die dich beschützt wird immer kräftiger. Du weißt, dass du sicher, geborgen und behütet wirst. So schwebe ein wenig in diesem Licht und genieße das Gefühl der Entspannung, des Friedens und der Sicherheit.

Denke darüber nach, was dort unten geschieht. Bemerke, was das Leben, das du führst, für dich bedeutet. Während du so schwebst und dich umgeben fühlst von diesem wunderschönen Licht, nimm dir einen Moment Zeit, um an die Menschen zu denken, die dich lieben und die du liebst. Die Menschen, die dich respektieren und die du respektierst. Verbinde dich mit deinem eigenen Herzen und sende Dankbarkeit und Liebe auf dein Leben herab. Das Leben, das du dort unten sehen und fühlen kannst. Denke einen kurzen Moment daran, was du an deinem Leben ändern könntest wenn du es wolltest. Aber du willst es ja gar nicht, oder?

(Pause)

Bemerke, wie sich dein ganzes Sein füllt mit dem Bewusstsein, dass du nicht alleine bist. Das Bewusstsein war schon immer in dir, in deinem Herzen, aber jetzt wird es klar und stark, es wird deutlich und wahr.

Dieses Gefühl der Liebe, der Dankbarkeit und des Friedens erfüllt dein ganzes Wesen. Es ist warm und wollig, es ist ein Teil von dir.

Die Blase des Lichtes setzt sich in Bewegung und steigt höher und höher während du leichter und leichter wirst. Die Erde unter dir verschwindet.

Um dich herum siehst du viele andere Blasen die genauso aussehen wie du in deiner Blase. Alle befinden sich in dieser Blase aus friedlichem und kräftigem Licht. Alle sehen gleich aus. Sieh dich um und bemerke, wie alle Blasen immer weiter steigen. Die Hektik ist vorbei, der Stress ist gewichen, die Negativität verschwunden.

Aber warum schwebst du in dieser Blase aus goldenem Licht? Warum bist du soweit gestiegen, losgelöst von der Erde?

Vielleicht sollst du erkennen, dass alles anders aussieht aus einer höheren Perspektive?... Vielleicht sollst du erkennen, dass es ein Bewusstsein gibt, dass ohne Stress, ohne Hektik, ohne Negativität existiert?... Vielleicht sollst du erkennen, dass du umgeben bist von einer universalen Kraft, die dich beschützt? ...Vielleicht sollst du erkennen, dass du nicht alleine bist?...

Vielleicht sollst du bemerken, dass man einfach nur schweben und treiben kann ohne überhaupt etwas erkennen zu müssen?

Und während du dich langsam auf den Weg zurück zur Erde machst, wächst in dir ein neues Verständnis. Eine Saat ist gesät, ein neuer Keim entsteht.

Du siehst, wie dein Leben wieder näher rückt. Aber es sieht anders aus, es fühlt sich besser an.

Du fühlst dich sicherer, stärker und kräftiger. Deine Struktur, deine Wirbelsäule hat mehr Rückhalt, mehr Stabilität.

In dir wächst ein neues Vertrauen. Ein Vertrauen, das schon immer in dir gelebt hat, aber verschüttet gegangen war. So steigt das Vertrauen auf, wie ein Heliumballon am blauen Sommer Himmel. Es steigt in dir auf und breitet sich aus. Ein Vertrauen in die universale Kraft des Lebens; in dein Bewusstsein, dass du nicht alleine bist. Ein Vertrauen in deine eigenen Kräfte.

Und plötzlich erinnerst du dich wieder. Du erinnerst dich an einen Moment in deinem Leben, indem du voller Selbstvertrauen, Kraft und positiver Energie warst…ein schöner Moment…..ein ganz besonderer Moment. Vielleicht kannst du diesen Moment genau vor deinem inneren Auge sehen? Vielleicht kannst du um ihn herum gehen und ihn von allen Seiten begutachten?

Vielleicht erkennst du, warum dieser Moment so eindrucksvoll war?…..bemerke nun, welche Kräfte in dir ruhten, genau zu diesem Zeitpunkt. Welche Fähigkeiten du besaßt ...welcher Glauben es dir ermöglichte so stark zu sein…..erkenne, wie du dich zu diesem Zeitpunkt deines persönlichen Erfolges gefühlt hast…tauche tief in diesen Moment deiner Vergangenheit hinein und genieße ihn.

Sehe ihn…..fühle ihn….erkennen ihn….rieche und schmecke ihn, wenn du kannst…..denn dieser besondere Moment gehört dir, dir alleine. Er steckt tief unten in dir.

Verbinde dich nun mit ihm. Bemerke, welche Kräfte und Fähigkeiten wirklich in dir stecken.

(Pause)

Mache ihn nun stärker, größer und deutlicher und bringe ihn aus der Vergangenheit in die Gegenwart. In das hier, das jetzt und Nun.

Fühle, wie die alten Fähigkeiten in dir aufsteigen, wie die Luftblasen am Boden des Meeres….sie steigen langsam empor…..immer mehr, immer schneller, immer kräftiger. Es fühlt sich gut, positiv und kräftig an.

Bemerke, wie diese alten neuen Fähigkeiten, Kräfte, Talente, Denkstrukturen, Verhaltensmuster, positiven Gefühle und Vertrauensgrundlagen dir weiterhelfen können.

Erkenne, wie das so lange in dir Schlummernde dir jetzt helfen kann…..wie es dich in deinem jetzigen Leben unterstützen kann.

Realisiere, wie du dich selber benutzen kannst, um voranzuschreiten. Ohne Zweifel, ohne Angst, ohne Hemmungen.

Denn nichts und niemand kann dich jetzt aufhalten, dein Ziel zu erreichen. Keine Menschen, keine Gedanken, keine Erinnerungen, keine Bilder. Nichts und niemand. Nichts aus der Vergangenheit, nichts in der Gegenwart, nichts in der Zukunft kann dich jemals aufhalten.

Sie weißt, dass du alles erreichen kannst, worauf du dich konzentrierst. Und jetzt konzentrierst du dich auf deine Ressourcen, deine Fähigkeiten, dein Vertrauen in die Kraft des Universums, dein Vertrauen in dich selbst.

(Pause)

Und nun wird es Zeit, zurückzukehren, zurück an deinen Ort, in deine Zeit.

Und immer, wenn du einen ruhigen Moment hast, stelle dir dein neues Leben vor. Ohne den Stress der Vergangenheit, mit deinem Vertrauen in dich selbst.
Male es dir in allen Einzelheiten aus. Sehe und fühle, wie du dein Können immer mehr verbessern kannst.

Wie einen Film schaust du dir dein neues Leben an. Bemerke die Farben, die Einzelheiten und Umrisse. Die Töne werden deutlicher und fröhlicher, die Farben bunter und lebendiger.

Schaue dir diesen Film im geistigen Auge immer wieder an und spiele ihn vorwärts und rückwärts, immer wieder.

Bemerke, wie du dich fühlst in deinem Film deines neuen Lebens. Wie du aussiehst, was du denkst. Bemerke, wer du bist.

Und es fühlt sich gut an, dein neues Leben.

Es sieht gut aus, dein neues Leben.

Dein Unterbewusstsein wird von nun an für dich arbeiten und dich in jeder Art und Weise unterstützen, leiten und lenken, um dein neues Leben zu leben."

Licht Schutz Skript

Manche Menschen benötigen einen selbst aufgebauten Schutz in den Sitzungen.

„Stelle dir einen wunderschönen Ball goldenen Lichtes über deinem Kopfe vor. Es ist das wunderbare, heilende Licht des universalen Erzeugers....und ganz langsam kommt dieses wunderschöne Licht herab und formt eine Lichtblase um dich herum, die dich friedlich, angenehm und mit Respekt umhüllt. Diese Blase beschützt dich vor aller Negativität und äußeren Einflüssen, so dass du bereit bist, dich weiter zu entspannen."

Progression

Diese Technik wird benutzt, um eine Vision der Zukunft aufzubauen. Da das Unterbewusstsein nicht den Unterschied zwischen Realität und erfundener Vision machen kann, kreiert es ein neues Selbstbild.

„Du bist dabei, Dich zu verändern. Du gibst dir jetzt die Erlaubnis, ein neuer, besserer Mensch zu werden. Schaue dir diese Veränderung jetzt an...wie einen Film.

Spiele diesen Film deiner Veränderung vor deinem geistigen Auge ab. Als ob du einen Film auf einer großen Kinoleinwand oder auf einem Computerbildschirm anschauen würdest.

Du bist der Regisseur dieses Films und es ist der schönste Film, den du je geschaffen hast. Es ist ein glücklicher Film, es ist ein gesunder Film, es ist der Film deines neuen Lebens.

Du siehst, wie du dich benimmst, ...wie du dich fühlst... Bemerke, wie du ausschaust ...und wie du dich bewegst.

Spiele diesen Film deines neuen Lebens immer wieder ab. Lasse ihn vorwärts und rückwärts laufen. Immer wieder.

Bemerke, wer du bist in deinem Film.

Bringe die Menschen, die du in deinem Leben haben möchtest, mit in den Film hinein. Es wird gelacht, es wird vielleicht getanzt, es wird vielleicht gespielt.

Präge dir diese Bilder und Gefühle genau ein.

Gleich werde ich von eins bis drei zählen und bei drei wirst du in den Film hineinspringen. Du wirst in die Schuhe deines neuen Lebens steigen. Du wirst die neuen Gedanken aufnehmen, das neue Verhalten und die neuen Denkmuster annehmen. Du wirst dein neues Leben integrieren.

Eins, zwei und drei….und du springst in den Film hinein.

Du stehst in den neuen Schuhen deines neuen Lebens. Du fühlst die Gedanken, du bemerkst deine neuen Gefühle, du beobachtest dein neues Verhalten.

Nimm dir so viel Zeit, wie du jetzt brauchst. Und lass mich wissen, wann du das getan hast, indem du leicht deinen Ja Finger hebst.

Sehr gut."

Inneres Kind

Die innere Kind Arbeit gehört zu den wichtigsten Elementen des Aufbaus der Ich-Stärke. Führen Sie das Skript langsam und behutsam durch und füllen Sie es aus mit einem Gefühl der Wärme und Sicherheit.

Verwenden Sie eine angenehme Induktion mit dem sicheren Ort.

„Nun mache es dir schön bequem an deinem sicheren Ort. Nimm dir einen Moment Zeit und entspanne dich noch ein wenig tiefer.

Schau hinüber zu deiner linken Seite. Dort bemerkst du ein kleines Kind, das ungefähr fünf oder sechs Jahre alt ist. Es sitzt vielleicht ein bis zwei Meter von dir entfernt. Es blickt zu dir hinüber und vielleicht lächelt es dich sogar an.

Das Kind sieht genauso aus, wie du als fünfjähriges Kind...Es denkt und fühlt wie du... Ja, wenn du ehrlich bist, hat es genau das Gleiche erlebt, wie du.

Nun bewegst du dich langsam und friedlich zu dem kleinen Jungen (wenn Sie mit einem Mann diese Technik machen) hinüber. Vielleicht setzt du dich einfach nur neben ihn. Vielleicht nimmst du ihn in deine Arme und hältst ihn einen kurzen Moment dicht an dich gedrückt.

Du sendest ihm ein Gefühl der Geborgenheit, der Unterstützung und der Liebe.

Du sagst ihm, dass er nicht alleine ist, dass du ihn immer beschützen wirst.

Du sagst ihm, dass auch er sich entspannen kann, denn er ist jetzt sicher.

Und so fühlst und siehst du, wie er anfängt, sich ganz langsam in deinen Armen zu entspannen. Und es fühlt sich wirklich gut an.

(Pause)

Du erzählst ihm, dass du heute hierhergekommen bist, um dich zu verändern, um endlich ……..(Grund einsetzen).

Du bemerkst, wie es sich freut, wirklich freut, denn er wollte schon lange….(Grund einsetzen).

So bittest du ihn, mit auf deine Reise zu kommen. Du bittest ihn, dich zu unterstützen und bei dir zu bleiben.

Du bittest ihn um Rat, den kleinen Jungen. Denn er kennt dich besser, als jeder andere Mensch auf der Welt.

Du fragst ihn, was du tun musst, um endlich….(Grund einsetzen).

Und vielleicht gibt er dir die Antwort jetzt oder erst morgen früh.

Nimm dir so viel Zeit, wie du jetzt brauchst. Und lass mich wissen, wann du das getan hast, indem du leicht deinen Ja Finger hebst.

(Pause)

Du versprichst ihm jetzt, alles zu tun, um dein Ziel zu erreichen.

Du versprichst ihm jetzt, dass du deinen Weg gehen wirst mit ihm an deiner Seite.

Du versprichst ihm jetzt, dass du wieder mit ihm reden und spielen wirst.

Und dann lässt du ihn gehen und winkst zum Abschied, denn er weiß ja, dass du wiederkommst.

So ist es gut.“

Regressionen

Regressionen sind Reisen in die Vergangenheit, um u.a. Gefühle zu verarbeiten, Ressourcen zu aktivieren, schöne Erlebnisse wieder zu erleben oder um Traumata zu neutralisieren. Führen sie eine Regression nur durch, wenn sie die entsprechende Ausbildung absolviert haben. Zu jeder Zeit kann es zu einer Retraumatisierung kommen und dann müssen sie wissen, wie sie damit umzugehen haben.

Ich stelle Ihnen hier verschiedenen Skripte vor. Bitte gleichen Sie sie den Bedürfnissen Ihrer Klienten an und verändern Sie sie entsprechend.

Treppenregression

Diese Regressionstechnik dient dazu, den Klienten zu einem bestimmten Zeitpunkt in der Vergangenheit zu begleiten, um sich Örtlichkeiten anzuschauen und Situationen wieder zu erleben. Die Idee dieser Regression stammt aus einem Seminar mit Dr. Georgina Cannon.

Führen sie eine tiefgehende Induktion durch mit Deepener.

„Du bist schön entspannt. So stelle dir nun einen wunderschönen Ball goldenen Lichtes über deinem Kopfe vor. Es ist das wunderbare, heilende Licht des universalen Erzeugers….und ganz langsam kommt dieses wunderschöne Licht herab und formt eine Lichtblase um dich herum, die dich friedlich, angenehm und mit Respekt umhüllt. Diese Blase beschützt dich vor aller Negativität und äußeren Einflüssen, so dass du bereit bist für deine Reise in anderen Zeiten und an andere Orte.

In einem Moment werde ich von 1 bis 10 zählen. Mit jeder Zahl wirst du immer näher an die oberste Stufe einer großen Treppe gelangen, die durch die Jahre hindurch nach unten in deine Vergangenheit führt. Bei 10 angekommen, wirst du oben auf dieser himmlischen Treppe stehen, die dich Schritt für Schritt zurück in vergangene Zeiten an einen vergangenen Ort führt.

Mache dich bereit, langsam in Richtung der obersten Stufe mit jeder Zahl zu gelangen.

1. Du fängst an zu schweben.
2. Du entspannst dich immer mehr.
3. Du steigst höher und höher.
4. Du fühlst dich leicht an und gut.
5. Du kommst immer näher an die oberste Stufe heran.
6. Du wirst leichter und leichter.

7. Du kannst die oberste Stufe dieser wunderschönen Treppe erkennen.
8. Gleich bist du oben angekommen.
9. Immer leichter und leichter, immer tiefer und tiefer.
10. Du stehst ganz oben auf der Treppe der Vergangenheit und schaust die Stufen hinunter in die Vergangenheit.

So ist es gut. Du fühlst dich entspannt und sicher. Du bist jetzt bereit, deine Reise anzutreten.

Gleich werde ich von 30 abwärts zählen. Jede Zahl repräsentiert ein Jahr deines Lebens.

(Kunde muss also mindestens 30 Jahre alt sein)

Du fängst also in deinem 30. Lebensjahr an, mit jeder Stufe immer jünger zu werden. Mit jeder Zahl und jeder Stufe wirst du immer jünger, bis zu bei 14 Jahren angekommen bist. Du wirst die 14. Stufe verlassen und dir dein Leben anschauen, als du 14 Jahre alt warst.

Bist du nun bereit? Fühle die Treppe unter dir und beginne sie jetzt hinabzusteigen.

30. Du fängst an jünger zu werden.
29. Du steigst die Treppe langsam herab.
28. Jünger und jünger.
27. Tiefer und tiefer.
26.
25.
24. Es fühlt sich gut an, jünger zu werden.
23.
22. Jünger und jünger.
21. Du siehst die Jahre an dir vorbeiziehen.
20. Immer jünger wirst du.
19. langsam steigst du die Treppe hinunter.
18. immer weiter, immer tiefer.
17. Gleich bist du im 14. Jahr angekommen.
16. Immer weiter, immer leichter, immer tiefer.
15.
14. und nun verlässt du die Treppe.

Du begibst dich in dein zuhause, wo du mit 14 Jahren wohnst.

Wo bist du?

Bist du alleine?

Beschreibe deine Umgebung.

Wie sieht sie genau aus?

Wie fühlst du dich?

Was für Kleidung trägst du?
Wie siehst du aus?

Hast du Freunde?

Sind deine Eltern oder andere Mitglieder deiner Familie bei dir?

Wie sieht dein Haus aus?

Wo wohnst und schläfst du?

Beschreibe einen schönen Moment der dich glücklich macht.

Sehr gut.

Nun schwebe zurück zu der wunderschönen Treppe. Steige wieder hinauf und gehe langsam weiter hinunter, mit jeder Zahl.

Diesmal wirst Du im Alter von 4 Jahren die Treppe verlassen und in dein Leben tauchen, als du 4 Jahre alt warst.

Fertig?

13. Du steigst weiter die Treppe hinunter.
12. jünger und jünger wirst du.
11. immer tiefer und tiefer.
10. ganz weit nach unten.
9. jünger und leichter.
8.
7.
6. gleich bist du im 3. Jahr angekommen.

5. immer entspannter und entspannter.
4. und du steigst wieder von der Treppe hinunter in dein zuhause.

So ist es gut.

Wie fühlst du dich?
Was hast du an?

Was kannst du sehen?

(Stellen sie ein paar Fragen, die sie mit ihrem Klienten vor der Sitzung abgesprochen haben)

Sehr gut.

Und nun begib dich wieder auf die Treppe, denn ist Zeit zurückzukommen. Gleich werde ich von eins bis zehn zählen. Mit jeder Zahl kommst du immer schneller durch die Jahre hindurch in das Hier und Jetzt zurück und öffnest die Augen bei zehn. Sobald du die Augen öffnest, fühlst du dich wunderbar entspannt und gut.“

Zählen Sie Ihren Klienten aus der Hypnose heraus.

Autobahnregression mit Umprogrammierung (Reframing)

Diese Regressionstechnik dient dazu, den Ursprung von Gefühlen, Verhaltensmustern oder Gedanken zu entdecken. Das Reframing ermöglicht, neue und gesunde Alternativen zu entwickeln, die das Alte ersetzen. Die Technik muss ausgesprochen vorsichtig benutzt werden, da diese aufdeckende Arbeit zu einer Retraumatisierung führen kann. Sie muss langsam durchgeführt werden.

Finden sie in der Anamnese heraus, welches Gefühl oder Verhaltensmuster Ihr Klient verändern möchte.

Führen Sie eine tiefgehende Induktionen mit Deepener durch.

„Stelle dir vor, dass du dich auf einer großen und leeren Autobahn befindest. Sie ist leer und du fühlst dich sicher. Du schaust in die eine Richtung und bemerkst, dass sie ganz weit ins Unendliche führt. Ganz weit in die Zukunft. Und du schaust in die andere Richtung und bemerkst, dass auch sie ganz weit ins unendliche verläuft. Ganz weit in die Vergangenheit.

Über der Autobahn schwebt eine Linie, die breit genug ist, damit du auf ihr stehen kannst. Diese Linie besteht aus deiner Lieblingsfarbe.

Also steigst du auf diese Linie herauf und balancierst dich aus. Die Linie ist stabil und sicher.

Nun nimmst du eine große Fahne und stellst sie auf, wo du gerade stehst. Im Hier und Jetzt, damit du immer wieder zurückfinden wirst.

Denn gleich werde ich dich bitten, entlang dieser Linie in die Vergangenheit zu reisen. Du wirst zurück in den Moment gehen, indem du das erste Mal dieses ...(das in der Anamnese erwähnte Gefühl oder Verhaltensmuster) gespürt hast. Das erste Mal als dieses Gefühl deinen Körper und deinen Verstand betrat.

Du wirst nur als Beobachter auf Reise gehen und dich von allen negativen Gefühlen trennen. Du wirst wie in einen Kinofilm die Geschehnisse beobachten.

Eins, zwei und drei….fange an, in die Vergangenheit zu gehen. Immer weiter zurück. Du wirst jünger und jünger…immer weiter zurück.

(Schnell mit dem Finger auf das Bein oder die Schulter zur Ablenkung klopfen.)

Immer weiter zurück. Bis du in dem Moment angekommen bist. Und wenn du ihn vor Augen hast, dann bewege kurz deinen Ja Finger.

Immer weiter zurück…so ist es gut...immer weiter zurück... (Auf den Ja Finger warten)

Und nun schaue ihn dir diesen Moment genau an. Trenne dich von allen Gefühlen und beobachte nur.

Dann nimm dir einen Moment Zeit und sende ein Gefühl der Vergebung an alle Personen, die beteiligt sind, du selber natürlich inbegriffen.

Und lass mich wissen, wann du das getan hast, indem du deinen Ja Finger bewegst. Gut so.

(Pause)

Kreiere ein neues Verhalten, Denkmuster, eine neue Idee oder eine neue Lösung, ein neues Gefühl oder eine neue Strategie, die gesund, positiv und gut für dich ist. Etwas neues, was das Alte ersetzen wird.

Und lass mich wissen, wann du das getan hast, indem du deinen Ja Finger bewegst.

(Auf den Ja Finger warten)

Konzentriere dich auf das Neue während du dich von dem Alten verabschiedest. Mit jedem Atemzug atmest du von nun an das Neue ein, und das Alte aus.

Fokussiere deine Aufmerksamkeit auf das Neue und bringe es durch die Jahre hindurch in das Hier und Jetzt.

Fühle, wie das Neue in dir stärker und kräftiger wird. Bemerke, wie es in dir wächst.

Nun komme langsam und friedlich wieder zurück zu der Fahne, in das Hier und Jetzt.
Das hast du sehr gut gemacht. Aber die Reise ist noch nicht zu Ende.
Du stehst auf der Linie und schaust in die Zukunft.

Und langsam begibst du dich in die Zukunft in einen Moment, indem du früher deinem alten Gefühl gefolgt wärst.

Doch nun verändert sich dein altes Verhalten und wird durch das neue ersetzt. Du siehst, wie du in der Zukunft das neue Verhalten an den Tag legst.

Du hast dich verändert. Bemerke, wie das Neue dich verändert hat. Erlebe, wie du jetzt denkst, wie du jetzt fühlst, wie du dich jetzt benimmst.

Du bist ein neuer Mensch.

Spiele diesen Film vor deinem geistigen Auge ab. Als ob du einen Film auf einer großen Kinoleinwand oder auf einem Computerbildschirm anschauen würdest.

Du siehst, wie du dich benimmst, wie du dich fühlst. Bemerke, wie du ausschaust und wie du dich bewegst.

Spiele diesen Film immer wieder ab. Lasse ihn vorwärts und rückwärts laufen. Immer wieder.

Präge dir diese Bilder und Gefühle genau ein.

Gleich werde ich von eins bis drei zählen und bei drei wirst du in den Film hineinspringen. Du wirst in die Schuhe deines neuen Lebens steigen. Du wirst die neuen Gedanken aufnehmen, das neue Verhalten und die neuen Denkmuster annehmen. Du wirst dein neues Leben integrieren.

Eins, zwei und drei….und du springst in den Film hinein.

Du stehst in den neuen Schuhen deines neuen Lebens. Du fühlst die Gedanken, du bemerkst deine neuen Gefühle, du beobachtest dein neues Verhalten.

Nimm dir so viel Zeit, wie du jetzt brauchst. Und lass mich wissen, wann du das getan hast, indem du leicht deinen Ja Finger hebst.

Sehr gut.

Und nun komm zurück auf der Linie zu der Fahne in das Hier und Jetzt.

Sehr gut."

Affektbrücke mit Reframing

Diese Regressionstechnik dient dazu, den Ursprung von Gefühlen zu entdecken. Sie muss ausgesprochen vorsichtig benutzt werden, da diese auf-deckende Arbeit zu einer Retraumatisierung führen kann. Diese Technik darf nicht bei psychischen Erkrankungen benutzt werden.

Finden Sie in der Anamnese heraus, welches Gefühl Ihr Klient verändern möchte.

Führen Sie eine tiefgehende Induktion durch mit Deepener.

„ Erinnere dich an das letzte Mal, als du dieses Gefühl gespürt hast... Begebe dich in diesen Moment und erlaube dir, es etwas größer zu machen... Fühle es genau... Gib diesem Gefühl eine Farbe, eine Struktur und eine Größe.

Nimm dir so viel Zeit wie du benötigst und bewege kurz deinen Ja Finger, wenn du es erreicht hast. Gut so.

(Pause)

Nun befestige einen Faden oder einen Strick an dieses Gefühl.

Gleich, aber nicht sofort, werde ich von eins bis drei zählen und dich bitten, an diesem Faden zurück in die Vergangenheit zu gehen. Du wirst zurück in den Moment gehen, indem du das erste Mal dieses Gefühl gespürt hast. Das erste Mal als dieses Gefühl deinen Körper und deinen Verstand betrat.

Du wirst nur als Beobachter auf Reise gehen und dich von allen negativen Gefühlen trennen. Du wirst wie in einen Kinofilm die Geschehnisse beobachten.
Eins, zwei und drei….fange an, in die Vergangenheit zu gehen. Immer weiter zurück. Du wirst jünger und jünger…immer weiter zurück.

(Schnell mit dem Finger auf das Bein oder die Schulter zur Ablenkung klopfen.)

Immer weiter zurück. Bis du in dem Moment angekommen bist. Und wenn du ihn vor Augen hast, dann bewege kurz deinen Ja Finger.

Immer weiter zurück…so ist es gut.

Und nun schaue dir diesen Moment genau an. Trenne dich von allen Gefühlen und beobachte nur.

Dann nimm dir einen Moment Zeit und sende ein Gefühl der Vergebung an alle Personen, die beteiligt sind, du selber natürlich inbegriffen.

Und lass mich wissen, wann du das getan hast, indem du deinen Ja Finger bewegst. Gut so.

(Pause)

Kreiere ein neues Verhalten, Denkmuster, eine neue Idee oder eine neue Lösung, ein neues Gefühl oder eine neue Strategie, die gesund, positiv und gut für dich ist. Etwas neues, was das Alte ersetzen wird.

Konzentriere dich auf das Neue während du dich von dem alten verabschiedest. Mit jedem Atemzug atmest du von nun an das Neue ein, und das Alte aus.

Fokussiere deine Aufmerksamkeit auf das Neue und bringe es durch die Jahre hindurch in das Hier und Jetzt.

Fühle, wie das Neue in dir stärker und kräftiger wird. Bemerke, wie es in dir wächst.

(Pause)

Von nun an wirst du dich auf das neue Verhalten, Denkmuster, die neue Idee oder die neue Lösung, das neue Gefühl oder die neue Strategie, die gesund, positiv und gut für dich ist, konzentrieren.

Du wirst sie erleben und behalten. Niemand kann dich aufhalten, gesund und glücklich zu sein. Keine Menschen, keine Gedanken, keine Erinnerungen und keine Bilder. Nichts aus der Vergangenheit, nichts aus der Gegenwart und nicht aus der Zukunft.

Du kannst alles erreichen, worauf du dich konzentrierst.“

Selbst-Anteile

Ego-State besteht in der Nutzung von Techniken aus der Einzeltherapie sowie der Familien- und Gruppentherapie, um Konflikte zwischen den verschiedenen Ich-Zuständen, die eine Selbst-Familie innerhalb eines einzigen Individuums darstellen, zu lösen. Es handelt sich dabei um eine Art innerer Diplomatie, die unter Hypnose, mit den verschiedenen Behandlungstechniken arbeitet....(Watkins, 2003, S. 57)

Diese Technik wird verwendet, um es dem Klienten zu ermöglichen, sich von seinem Thema zu dissoziieren. Sie eignet sich hervorragend, um mit Gefühlen, Gedanken, Verhaltensmuster etc. zu kommunizieren. Zudem sind ES neuronale Netzwerke, die verändert werden können. Sie können innerhalb von 20 Minuten entstehen und müssen dann durch Konditionierung gefestigt werden.

Technik:

Vereinbaren sie einen Ja und einen Nein – Finger.

Benutzen sie eine lange Induktion.

„Tauche ganz tief in deinen Körper hinein und finde das Gefühl (oder das Verhalten oder Denkmuster oder Teil von Dir), dass dich daran hindert, dich zu verändern (oder aufzuhören, zu rauchen, oder Gewicht zu reduzieren).

Nimm dir so viel Zeit wie du jetzt brauchst, aber finde das Teil.

Und sobald du es gefunden hast, bewege leicht deinen Ja - Finger.

(Warten Sie, bis der Ja-Finger sich bewegt)

So ist es gut.

Und nun, da du es gefunden hast und weißt, wo es sich in deinem Körper befindet, gebe diesem Gefühl eine Farbe….eine Größe….eine Beschaffenheit…vielleicht hat es einen Geruch?....vielleicht macht es ein Geräusch?....

Halte es in deinen Händen und betrachte es von allen Seiten. Wie sieht es aus. Wie fühlt es sich an? Ist es kalt oder warm?....hart oder weich?....fest oder schleimig?

Fühle, wie es sich in deinen Händen anfühlt und verbinde dich mit ihm. Tauche tief in das Gefühl hinein und sende deine Dankbarkeit in es hinein. Denn es ist schon lange ein Teil von Dir und ich bin mir sicher, dass es einen guten Grund für seine Existenz in dir gibt.

Pause.

Du weißt, dass Du in Hypnose sprechen kannst. Und der Klang deiner eigenen Stimme wird dich weiter in diesem schönen Zustand der Entspannung schweben lassen.

Beschreibe nun, wo es in deinem Körper sitzt....
wie es aussieht....
ob es einen Geruch hat.....
wie alt es ist...
und frage es nach seinem Namen....wie möchte es genannt werden?

Verbinde dich mit diesem Gefühl und frage es, warum es in dir existiert, warum es ein Teil von Dir ist (immer viel Zeit lassen und auf die Antwort warten).

Sehr gut.

Nun erkläre diesem Gefühl, dass es dir Kummer und Sorgen macht.

Frage es, was es braucht, was es haben möchte, um glücklich zu sein. Nimm dir so viel Zeit wie du jetzt brauchst und bewege deinen Ja Finger, sobald du es getan hast

(Auf ideomotorische Antwort warten).

Was braucht es von dir?

Gibt es noch irgendwas?

Verspreche ihm, dass du alles tun wirst, damit es zufrieden ist und bitte es, mit auf deinem Weg zu kommen.

Ist es bereit, mitzukommen?

Schau es dir genau an. Vielleicht fängt es an, seine Farbe zu verändern... seine Form…seine Beschaffenheit? Vielleicht fängt es an, sich zu integrieren, um ein Teil deines Teams zu sein?

(Pause)

Nun betrachte das neue Gefühl und bemerke, wie es dir in Zukunft helfen kann, deine Ziele zu erreichen.

(Pause)

Schaue dir einen Moment in der Zukunft an, in dem es dir von jetzt an helfen wird....

Bemerke, was anders sein wird...

Mit jedem Atemzug atmest du von nun an das Neue, das Gute, ein und du atmest das Alte aus.

Mit jedem Atemzug atmest du von nun an das Neue, das Gute, ein und du atmest das Alte aus.

So ist es gut.“

Ein hervorragendes Buch zu dem Thema Selbst-Anteile, auch Ego State genannt, ist „Jedes Ich ist viele Teile“ von Jochen Peichl.

Eigene Aufgabe:

Nehmen Sie sich einen Moment Zeit und beschreiben Sie hier einen eigenen Selbst-Anteil.

Miltons Sprache

Miltons Sprache wurde von zwei Schülern von Milton Erickson analysiert - Linguist John Grinder und Computerwissenschaftler Richard Bandler. Sie untersuchten, wie Erickson seine Sitzungen aufbaute und seine Kunden dazu brachte, unbewusste Antworten auf ihre Probleme zu finden. Hier führe ich einige dieser Sprachmuster mit meiner eigenen, hoffentlich verständlichen Übersetzung und Erklärung auf. Die Idee stammt aus einem Seminar von Dr. Shaun Brookhouse.

<u>Gedankenlesen</u>

Gedankenlesen ist die Behauptung, dass man weiß, was der andere denkt, ohne zu erklären, wie man darauf kommt.

„Ich weiß, was du gerade denkst.“

<u>Verlorener Zusammenhang</u>

Es wird ein Urteil vermittelt, ohne das Subjekt preiszugeben.

„Lügen ist falsch“.
„Jeder verdient eine zweite Chance.“
„Leute wie du werden immer erfolgreich sein.“

<u>Ursache und Wirkung</u>

Hierbei wird behauptet, dass eine Handlung auch Konsequenzen hat. Wenn…., dann….; Falls…., dann…

„Weil wenn du denkst, du denkst, dann denkst du nur du denkst…“

„Falls du dich jetzt entschließen solltest, gesund weiterzuleben, dann wird dein Unterbewusstsein dich mit jedem Atemzug unterstützen.“

<u>Komplexe Äquivalenz</u>

Zwei Aussagen haben die gleiche Bedeutung oder besagen das Gleiche.

„Sie mag mich nicht. Sie lächelt mich niemals an: weil sie mich nicht anlächelt, mag sie mich nicht“
oder

„Sie lächelt mich nicht an, also, sie mag mich nicht.“

Präsupposition

Eine Präsupposition ist eine Vermutung.

„…und nun bist du bereit, etwas Neues zu lernen.“

Verallgemeinerung

Wörter, die alles verallgemeinern oder keinen Bezug haben.

z.B.: immer, jeder, all diese Sachen, die ganze Welt

Modal Operatoren

Modal Operatoren sind Wörter, die bestimmte Regeln beschreiben und keine Wahl lassen. Sie drücken auch Notwendigkeiten aus.

"Jungs weinen nicht."

"Du musst diesen Kampf mit dem Gewicht jetzt gewinnen."

Nominalisierung

Verben werden zu Nomen gemacht.

"Du hast dich jetzt entschieden, das Rauchen aufzugeben."

Unspezifische Verben

Verben, die keine direkte Anweisung beinhalten.

z.B.. lernen, lösen, können, denken, wissen

"Du kannst gut lernen und weißt wie."

Es wird nicht gesagt, wie gelernt werden kann.

Fragewörter

Ein Fragewort am Ende eines Satzes, um die Aussage zu bekräftigen.

"Du bist dir jetzt ganz sicher, nicht wahr?"

Fehlende Referenz

Es wird nicht beschrieben, wer gemeint ist.

"Jeder kann das, das weißt du."

Tilgung des Vergleichs

Es wird nicht erwähnt, mit wem oder was verglichen wird.

"und natürlich ist es immer besser und auch wichtiger, das Gesunde zu tun."

Double Binds

Double Binds sind Aussagen, die eine Wahl vortäuschen, aber in Wirklichkeit keine anbieten.

"Du kannst dich jetzt sofort entspannen oder erst nach dem dritten Atemzug."

Momentane Erfahrung

Die Erfahrung des Klienten wird so beschrieben, dass sie nicht geleugnet werden kann.

"Du sitzt in dem Sessel hier und hörst mir zu während im Hintergrund die Musik spielt."

Undeutliche Referenz

Eine Referenz in Form einer Geschichte, die nicht klar beschreibt, von wem die Rede ist.

"Letzte Woche saß hier ein Klient, der wie durch ein Wunder ohne Probleme fünf Pfund in einer Woche abgenommen hatte und dabei das Rauchen aufgegeben hat. Er war glücklich über die positive, problemlose Veränderung in seinem Leben"

Sinn Missbrauch

Es wird eine unlogische Aussage gemacht, in der nicht nur Menschen und Tiere Gefühle haben können.

“Und ich weiß genau, dass dieses Zimmer mich liebt.”

Regeln und Vorschriften

Die Idee dieser folgenden Regeln habe ich meiner NGH Zertifizierung entnommen. Vielleicht schreiben Sie sie ab und hängen Sie in Ihrer Praxis auf. Ihre Klienten werden von Ihrer Ethik beeindruckt sein.

Überschreiten Sie nicht Ihren Kompetenzbereich.

Informieren Sie ihre Kunden über die Anwendungsgebiete der Hypnose, die Sie vornehmen können und dürfen.

Beachten Sie folgende Punkte:

Wohlbefinden: Halten Sie das körperliche und geistige Wohlbefinden Ihrer Kunden als größte Priorität.

Sicherheit Ihrer Kunden: Beschimpfen oder beleidigen Sie Ihre Kunden nicht. Behandeln Sie sie mit größtem Respekt.

Unterlagen: Führen Sie Protokoll über die Sitzungen. Schließen Sie die Unterlagen ein.

Werbung: Seien Sie ehrlich.

Kollegen: Sprechen Sie nicht abfällig über Ihre Kollegen. Es schadet allen.

Empfehlung vom Arzt: Arbeiten Sie nur mit schriftlichen Empfehlungen, wenn es um Schmerzreduktion geht (Sie brauchen eine Erlaubnis).

Weiterempfehlen: Empfehlen Sie Ihren Kunden einen Arzt aufzusuchen, wenn Ihnen das Verhalten, der Anblick, das allgemeine Bild ihres Kunden merkwürdig vorkommt.

Arbeiten Sie nicht mit Kunden, die nicht körperlich und/oder geistig gesund sind.

Haben Sie Spaß an Ihrer Arbeit mit Ihren Kunden und lernen Sie immer neue Techniken dazu. Denn wer rastet, der rostet...

Literatur

Brookhouse, S Dr. (2003) Ericksonian Hypnosis, UK Academy of Therapeutic Arts and Sciences, Seminar

Cannon, G Dr. (2003) Past Life Regression and Exploration, Ontario Hypnosis Center, Seminar

Dupree U (13. Aufl. 2013) Ho'oponopono – Das hawaiianische Vergebungsritual, Schirner Verlag

Horton W (2001) NFNLP Basic Practitioner, National Federation of NeuroLinguistic Psychology, Seminar

National Guild of Hypnotists (2003) Hypnose-Zertifizierung, NGH, Seminar

Schulze A (2013) Hypnosetexte – Hypnoseskripte für Trancegeschichten Teil 2, Angelina Schulze Verlag

Watkins J (2003) Ego-State – Theorie und Praxis, Carl-Auer-Systeme Verlag

Printed by Books on Demand GmbH, Norderstedt / Germany